本著作获得 2012 年度江苏省高校"青蓝工程"中青年学术带头人项目(苏教师〔2012〕39 号)和 2012 年度江苏省教育厅高校哲学社会研究项目(2012SJD880014)等资助

区位因素对技术创新的约束研究

孙卫东　鲁　铭　著

东南大学出版社

·南京·

内 容 简 介

本研究对区域技术创新的区位约束规律进行深层挖掘后提出，区位是一个以土地为载体的经济空间场，由区位内源、区位通道、区位场构成，区域技术创新过程可以分为开发网络、研究网络、生产网络三个子过程；区位对区域技术创新的约束主要表现为区位内源、区位通道、区位场对区域技术创新的约束。本研究理论分析和实证分析相结合，利用定量分析等非线性研究方法对约束区域技术创新的区位问题进行多维度分析研究，拓展了现有区位理论的研究方法，深化了对区位的理解和认识，在经典区位理论的基础上，构建了区域技术创新的区位约束理论模型，揭示了区域技术创新的区位约束规律，为优化区位，促进区域技术创新，进而提升区域创新能力从区位方面提出了理论依据与治理措施。

本研究对优化区位，促进区域技术创新，进而提升区域创新能力具有深刻的理论价值和现实意义。

图书在版编目(CIP)数据

区位因素对技术创新的约束研究 / 孙卫东，鲁铭著.
—南京：东南大学出版社，2013.12
ISBN 978 - 7 - 5641 - 4691 - 7

Ⅰ.①区…　Ⅱ.①孙…②鲁…　Ⅲ.①区域经济－技术革新－研究－中国　Ⅳ.①F127

中国版本图书馆 CIP 数据核字(2013)第 296011 号

东南大学出版社出版发行
(南京四牌楼 2 号　邮编 210096)
出版人：江建中
江苏省新华书店经销　　南京玉河印刷厂印刷
开本：880 mm×1230 mm　1/32　印张：6.25　字数：300 千字
2013 年 12 月第 1 版　2013 年 12 月第 1 次印刷
ISBN 978 - 7 - 5641 - 4691 - 7
定价：23.00 元
(凡因印装质量问题，可直接与营销部调换。电话：025 - 83791830)

前　言

　　区域技术创新是区域经济发展的主要动力。区域产业结构的升级、区域竞争优势的提升都离不开技术创新,技术创新已成为促进区域经济增长的决定因素。可是,区域技术创新的能力受哪些因素影响呢? 是不是受到其自身的区位因素制约呢? 又该如何去认识区位呢? 区位的本质是什么呢? 假设区域技术创新离不开所依赖的区位条件,区位对区域技术创新具有约束作用,那么区域技术创新的区位约束规律是什么呢? 这也是人们在实际工作和理论学习中常常困惑和思考的问题。该选题就是对此问题进行理论与实证方面的探索与研究。

　　本研究运用现代管理学、技术经济学、区位经济学、系统科学及复杂性科学的基本理论与研究方法,在农业区位理论、工业区位理论、中心地理论、多重均衡区位理论等经典区位理论的基础上,提出了技术创新区位理论。旨在科学揭示区域技术创新的区位约束规律,为通过优化区位提升区域创新能力提供理论依据。本研究主要在以下几方面取得了创新:① 基于价值网络理论和复杂网络理论,分析了区域技术创新过程,认为区域技术创新是区域市场创新与商务关系创新、技术创新、产品创新的集成,从一个较新的角度去认识区域技术创新;把区域技术创新过程分为开发网络、研究网络、生产网络三个子过程。区位对区域技术创新的约束是通过对开发网络中的商务关系创新与市场创新、对研究网络中的技术知识创新、对生产网络中的产品创新产生约束的。② 运用结构方程模型,剖析了区位的结构。对区位这个以土地为载体的经济空间场(由内源、通道和区位场组成)进行了定量分析与论证,弥补了以往研究中的多定性而缺少定量指标的不足之处;区位对区域技术创新的约束主要表现为区位内源、区位通道、区位场对区域技术创新的约束。区位对区域技术创新的约束是通过器物性区位要素约束、创新规则约束、区位场约束对区域技术创新产生约束和影响的。③ 基于复杂适应性理论,以区域创新主体为核心,建立了区域技术创新的区位约束结构方程模型。提出了只有同时从区位内源、区位通道、区位场等方面同时研究区域技术创新的区位约束,才能科学揭示区位约束规律。④ 应用系统动力学、复杂网络、因子分析等非线性研究方法研究区域技术创新的区位约束,将定量方法应用到区位因素对技术创新的约束研究中,建立了区域技术创新的区位通道约束的系统动力学模型、区域技术创新的区位场约束的复杂网络模型。突破了传统区位研究中定性分析的局限,拓展了现有区位理论的研究方法。

研究得出的结论是:① 区域技术创新是受区位因素约束的。区位对区域技术创新的约束,是通过区位内源、区位通道、区位场产生约束的。② 区位内源因素通过元区位、规则、成本,对区域技术创新产生制约作用。③ 区位通道决定区域创新资源的流动速度和使用效率,在通道系统中各种具体区位通道是通过影响研发投资等对区域技术创新产生约束的。④ 区位场主要通过成本、市场、知识等途径形成。区位的不可转移性、区域文化和制度的黏滞性形成了区域之间的自然挡板、文化挡板和制度挡板,可以对区域技术创新产生约束作用。

本研究理论分析和实证分析相结合,利用定量分析等非线性研究方法对约束区域技术创新的区位问题进行多维度分析研究,拓展了现有区位理论的研究方法,深化了对区位的理解和认识,在经典区位理论的基础上,构建了区域技术创新的区位约束理论模型,揭示了区域技术创新的区位约束规律,为优化区位,促进区域技术创新,进而提升区域创新能力从区位方面提出了理论依据与治理措施。案例分析虽然以长三角、珠三角和环渤海地区为例,但所揭示的区域技术创新的区位约束规律具有普遍性,对研究中国其他区域技术创新的区位约束也具有借鉴价值。

　　研究从选题、构思、拟纲、撰写、修改,到最终定稿,得到江苏大学博士生导师赵喜仓教授的特别指导,此外还得到陈玉川博士、陈海波博士、尧华英博士、闫永海博士等大力支持和帮助。同时,本研究参考了国内外众多学者的研究成果,在此表示衷心的感谢。

　　由于作者学识水平和能力有限,书中难免存在不足或需要进一步改进和完善的地方,恳请读者批评指正。

孙卫东　鲁　铭

2013 年 8 月 30 日

FOREWORD

Regional technology innovation (hereinafter referred to as RTI) is the major driving force of regional economic development. Technology innovation plays an integral part in the upgrading of regional industrial structure and competitive advantages, and it acts as the decisive factor in promoting regional economic growth. However, what factors affect the results of RTI? Is it restricted by its location factors? How do we understand location? What is the essence of the location factors? We suppose that RTI is restricted by the location where it operates and cannot go without the location conditions which it relies on. So what are the rules of location restriction for RTI? These problems are what puzzle us and worthy of considering in our practical work and theory. We select the subject so as to explore these issues from the perspective of theory and empirical research.

By employing basic theories and research methodologies drawn on from modern management science, technological economics, location economics, system science, complexity science, the paper provides the theory of technology innovation location on the basis of agricultural location theory, industrial location theory, central place theory and multi-level balanced location theory. By doing so, we strive to reveal the location restriction rules of RTI in a scientific way and thus provide theory basis for elevating regional innovation capability through optimizing the location advantages. The innovations are outlined below: (1) The process of RTI is analyzed based on value network theory and complication network theory. RTI is the combination of regional market innovation, business relationship innovation, technology innovation and product innovation. The process of RTI can be divided into three sub-processes: development network, research network and production network. The restriction of location on RTI is through restriction on business relations innovation and market innovation in development network, technological knowledge innovation in research network as well as product innovation in production network. (2) Structure of location is analyzed by using structural equation model. Location is an economic space which has land as its form, consisting of intrinsic factors, channels and location field. The restriction of location on RTI manifests itself as the restriction of location intrinsic factors, location channel and location field inflict on RTI. Such restriction is also inflicted through implemental location factors, innovation rules and location field. (3) Based on Complexity Adaptive System (CAS), location restriction structural equation model is built for RTI focusing on regional innovation implementer. In order to reveal the location restriction rules governing RTI in a scientific way, we must conduct the research taking into full account location intrinsic factors, location channels and location field and other aspects. (4) The non-linear methodologies such as system dynamics, complex network and factor analysis as well as quantitative methods are used to conduct research on the location restriction on RTI, and system dynamics models for location channel restriction and complex network model for location field are built, thus breaking the limits of qualitative analysis in traditional location researches.

We come to the following conclusions that (1) RTI is restricted by location factors. Restriction of location on RTI is done through location intrinsic factors, location channels and location field. (2) Location intrinsic factors restrict RTI through meta-location, rules and cost. (3) Location channel determines the flow rate and use efficiency of resources for RTI. In location system, the specific location channels are involved in the restriction on RTI through exerting impacts on R&D and others. (4) Location field is formed mainly involving cost, market and knowledge etc. The immovability of natural location and the stickiness of regional culture and system result in the natural baffle, cultural baffle and systematic baffle, which may have restriction on RTI.

By using quantitative analysis and other non-linear methods and through theoretical and empirical analysis, the paper researches the multi-dimensional analysis on the location restriction on RTI. It also expands the research methods, develops an in-depth understanding of location. On the basis of classic theories on location, location restriction theory model is built for RTI. Our research reveals the location restriction rules on RTI, proposing fundamental improvement measures for optimizing location advantages, promoting RTI and upgrading the ability in RTI. Although the research takes Yangtze River Delta, Pearl River Delta and Bohai Sea Rim, these rules are general and can be drawn on for the research on location restriction on other RTIs in China.

Sun Weidong & Lu Ming

August 30, 2013

目　录

1　绪　论

1.1　研究问题的提出

区域技术创新能力是决定区域经济发展水平与经济增长的关键因素。技术创新对经济增长的贡献率在发达国家已接近80%，在发展中国家为40%左右，即使在同一个国家，不同区域（先发区域与后发区域）之间技术创新对区域经济发展的影响之大，也是不争的事实。甚至就是同一个区域的不同区位之间，技术创新活动也表现出这样或那样的差别。那么区域技术创新的能力受哪些因素制约呢？所处的具体区位有哪些影响呢？假如区位对区域技术创新具有约束作用，那么区域技术创新的区位约束规律是什么呢？技术创新对区域经济的发展越来越重要，就约束区域技术创新的区位问题进行深入系统的研究非常有必要。通过这项研究，希望能为优化区位，提升区域创新能力提供理论依据。

经济学家们很早就认识到技术创新对经济发展的重要意义。亚当·斯密(1776)在《国富论》第一章中就机器的改进及劳动分工对于专业性发明的促进方式进行了讨论。卡尔·马克思(1867)的资本主义经济模型把技术创新放在核心地位，认为资产阶级不经常改革生产方式就无法生存。马歇尔(1890)把"知识"描述为经济进步的发动机。Benham(1938)对过去150年左右的经济发展所作的简要调查表明其主要动力是技术进步。熊彼特(J. A. Schumpeter)1912年在《经济发展理论》中第一次系统地提出创新概念，创立了企业静态创新系统,为以后创新经济研究奠定了理论基础。Freeman(1974)的《工业创新经济学》建立了创新的宏观经济学和创新的微观经济学的完整体系。Nalson 和 Winter(1982)的《经济变迁的演化理论》从动态角度揭示了企业技术创新的过程。柳御林 1993 年在国内出版了第一部《技术创新经济学》专著,系统介绍了创新经济理论。

进入 21 世纪以来,随着经济的发展,人类社会已经进入知识经济时代。知识经济的本质特征就是创新。创新要素对经济活动的作用日益突出,经济活动的核心已经转为创新。党的十六大报告中指出"创新是一个民族进步的灵魂,是一个国家兴旺发达的不竭动力",并发出了"推进国家创新体系建设"的号召。事实上,影响一个国家、一个地区、一个企业可持续发展的制约因素,关键在于其能否掌握不断出现的新技术。技术创新正成为一个国家、一个地区经济增长的发动机。在当代,技术创新不但已经成为经济发展的主要动力,而且成为推动产业结构升级、加快经济发展方式转变、形成区域竞争优势和促进区域经济跨越式发展的重要力量。创新经济研究不断升温,理论界和实业界纷纷认识到技术创新是提升区域创新能力和竞争能力的重要途径。

自从 1826 年德国经济学家杜能创立区位理论以来,区位经济学家们认识到"经济演化根源于搞技术的人(technologic man)对其身处的物质环境中各种自然力(elements)的作用"。杜能根据中世纪的生产和运输条件,认为在相同的自然条件下,引起农业生产的空间差异,主要因素是生产地到消费地之间的距离。杜能只是把运输成本作为主要的区位要素。韦伯(1909)发展了杜能的农业区位理论,将区位因素扩展到运输、劳动、集聚等。但他的工业区位理论建立在当时的资本主义生产方式下的区位因素之上,忽视了技术对区位的作用。克里斯塔勒(1932)、廖什(1939)在中心地理论中建立了六边形中心地模型,将消费因素引入区位系统,也没有考虑技术对区位的作用。20 世纪 50 年代以来,以艾萨德(1956)为代表的美国学者建立了现代区位理论,将区位理论研究的重点由部门转向区域综合研究与分析,但是,技术在区位中的地位仍然没有引起足够重视。

在信息全球化和知识全球化的今天,区位要素呈现多样化特征。随着高技术产业在 GDP 中所占的比重越来越高,区位要素中无形要素对区域经济发展所起的作用越来越大,有形区位要素对区域经济发展所起的作用越来越小。将技术纳入区位要素,重新定位区位结构,早已成为区位理论发展的一个重要内容。

区域技术创新离不开所依托的区位条件,但经济学忽视了区位对技术创新的约束作用。杜能在其经济分析中所精心体现的空间因素在随后的经济学发展中不断被弱化和忽视了。经济学似乎从来都没有忽视"空间",无论是古典经济学,还是后来的空间经济学,都对空间给予了足够的重视。但是,我们必须看到,空间经济学长期被排斥在主流经济学分析框架之外,直至 20 世纪90 年代,克鲁格曼等人利用主流经济学的分析模型,对区位和空间问题进行了重新分析,经济学才重又找到了对空间问题的解释(高进田,2007)。同时,区位经济学没有认识到技术要素对区位形成和发展的重要作用,以致出现技术创新理论与区位理论彼此割裂的现象。

根据《中国区域创新能力报告 2010》,2010 年中国各省创新能力与区位的排名基本一致,如图 1.1 所示;2001—2010 年中国各省创新能力与区位的排名也基本一致。这说明,区域技术创新与区位密不可分,将区位和技术创新结合起来研究区域技术创新势在必行。

本选题通过对区域技术创新的区位约束进行深入系统的研究,揭示区位对区域技术创新约束的规律,为区域政府通过优化区位,全面提升区域创新能力提供理论指导。

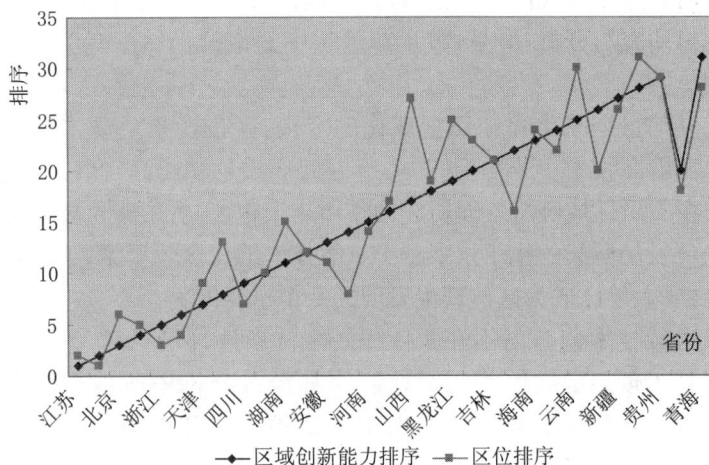

图 1.1   2010 年中国各省创新能力与区位排序

数据来源《2010 年中国区域创新能力报告》

1.2   基本概念的界定

1.2.1   区域

区域(Region)的字典解释是用某项指标或某几项特定指标的结合,在地球表面划分出具有一定范围的连续而不分离的单位。可见,一般来说,"区域"是一个普遍的概念,是一个空间的概念,但随着划分的标准不同,区域就会有不同的含义。人们经常按照自然的、经济的、行政的、历史的或其他方面的属性标准,划分出种类繁多的区域,例如:东亚地区、自由贸易区、经济开发区、流域开发区和经济特区、开发开放区等,其中有跨国的,也有国内的区域。但不管怎样分类,区域的一个基本属性是没有改变的,这就是美国著名区域经济学家埃德加.M.胡佛所说的,"所有的定义都是把区域概括为一个整体的地理范畴,因而可以从整体上对其进行分析"。在区域经济研究中,按照经济属性来划分区域具有特别重要的意义。区域经济中的区域一般都打破了行政区划的限制。但是,这并不意味着区域经济就是与行政区划格格不入的。恰恰在区域经济研究中,行政区域也会受到高度重视,这是因为从本质上说,经济区域不是和行政区域完全分开的,研究区域经济必须结合行政区划才能进行有效的研究。正如胡佛所说,"最实用的区域划分应当符合行政区划的疆界"。[①]

根据本书的研究目的,本书将区域定义为:经济活动相对独立、内部联系紧密而较为完整、具备特定功能的地域空间。

近年来,江苏省实施科教兴省、经济国际化、区域共同发展、可持续发展和加快城市化进程五大战略。为了对江苏经济实施有效的管理,省政府在制定"十五"规划时,按经济发展水平将全省分为苏南、苏中、苏北三大经济区域,苏南包括南京、镇江、常州、无锡、苏州五地市,它们位于经济发达的长三角地区;苏中包括扬州、泰州、南通三地市,它们为江苏省次发达的中部地区;苏北包括徐州、淮安、盐城、宿迁、连云港五地市,它们为江苏省的欠发达地区。

1.2.2 区域经济

区域经济(Regional Economy)指一个国家或地区在经济发展过程中,结合本区域的资源环境、地理位置等因素,选择适宜自身发展的主导产业及其组织结构体系,通过市场竞争获取比较性优势、规模性经济、专业化分工、地理经济等收益,形成具有一定产业规模和市场容量的特色产业、特色企业和特色产品。

衡量区域经济发展的指标系统,一般包括以下五个方面:

1) GDP 增长

虽然 GDP 增长并不等于区域经济发展的全部内容,但却在区

---

① 朱传耿,沈山.区域经济理论分析.呼和浩特:内蒙古大学出版社,1996.

域经济发展中占有中心地位。GDP增长的水平需要用国内生产总值增长速度和人均国内生产总值测定,例如,江苏省"十二五"规划,到2015年,全省地区生产总值6.58万亿元(2010年价,下同),年均增长10%左右,人均地区生产总值超过8万元。

2)科技创新

科技创新包括工具和机械的发明改良、生产技术方面的知识增加、新产品的开发、劳动生产率的提高、资本效益的提高、成本的降低、大批量生产技术的开发、产品质量的提高等。由分工和大规模生产而带来的生产率的提高也是其重要的特征之一。江苏省"十二五"规划,到2015年,研发经费支出占地区生产总值比重提高到2.5%;人力资本投资占地区生产总值比重达到15%以上;人才贡献率达到43%;百亿元地区生产总值专利授权数提高到400件,专利发展水平居全国前列;科技进步贡献率提高到60%以上。

3)产业结构的改进

区域经济发展的历史就是区域产业结构演变的历史。典型的情况是,在区域经济形成和发展早期,区域从事农业这一单一的商品生产,后来随着新产业的一个个兴起和它们之间的有机结合,各个产业的生产增加了,结果整个社会产品也增多了。各产业兴起的时间不同,发展速度不同,各产业之间的关系也不同。产业结构标志着地区经济的发展水平。促进区域经济的发展,就要适时地培育和扶持新兴产业,使产业稳步地向有利于发挥地区优势、增加区域经济竞争力的方向发展。江苏省"十二五"规划,到2015年,服务业增加值比重达到48%左右,形成服务经济为主的产业结构;高新技术产业产值占规模以上工业产值比重达到40%;消费对经济增长的贡献率达到60%左右。

4)资本积累

积累就是把生产物(产品)的一部分不作为消费,而用于工具、机械设备、工厂、建筑物、库房等的投资,从量和质两个方面扩大生产能力。上述经济发展中技术进步和产业结构的变化等现象,都是与投资活动有联系的,这些投资就来自于资本积累。所以说,把新创造价值的一部分转换为生产设备的资本积累,是引起技术进步和产业结构变化并由此扩大生产的必要条件。

5) 与外界经济关系的改善

对于空间范围不大的区域来说,靠自产自销是发展不起来的,要增加收入就得出售产品。同样的道理,只靠区域内的资源是满足不了进一步发展的需要的。要保证生产资料的供应和产品的销售,就要与外界发展联系,这是一个地区经济的开发性。与周边地区、国外有稳定协作关系,是一个地区经济成熟的标志,也是今后发展的重要保障。当然,这种联系、协作关系是有原则的,也是互惠互利的,不能只讲协作,不顾区域本身的物质利益,不顾国家利益。关键是要在发挥自身的优势、生产出有竞争能力产品的基础上,勇于开拓市场,讲信誉,守合同,与其他地区、其他国家建立起良好的协作关系。改革开放初期,基于中国外汇短缺的现实,中国及各地区推行了"出口导向型"的对外经济战略,但时至今日,这一战略的缺陷已带来了严重的后果,"主动走出去"的外向型经济战略显得更加重要和迫切,作为中国改革开放排头兵的江苏省更是需要抓紧推进和实施这一战略。

区域经济可持续发展是在可持续发展和经济可持续发展概念的基础上出现的一个概念,因此,研究区域经济可持续发展的内涵需要首先搞清楚可持续发展和经济可持续发展的内涵。

1.2.3 区位

本研究中的区位是指依托于一定土地的经济空间场,这种经济空间场由内源、通道和区位场构成(高进田,2007)。而区域既是一种实体的概念,又是一个抽象的、空间上的概念,往往没有严格的范围和边界,一个地区、一个国家、一个流域均可成为一个区域。只有当区域指一个具体的依托于一定土地的经济空间场时,才与本研究中的区位内涵相同。区位依托地理位置,但更多地强调其所处的经济环境和代表的经济价值。区位不限于反映地理位置,它具有区域位置和在经济发展体系中所居地位的双重内涵。它本身是一种物化后的经济空间,可以被看做是一种资源或要素。经济空间是人类经济活动所存在的空间。经济空间场是指以土地为依托,包含内源、通道和区位场在内的所有经济空间活动及其结果。

本研究中的区域技术创新,是从技术创新的层次上来讲的。技术创新一般有企业层面的技术创新、产业层面的技术创新、区域层面的技术创新和国家层面的技术创新。区域技术创新是区域创新主体在创新投入的支持下,创造出新的技术知识,根据新的技术知识创造出新的产品或服务,并实现商业化的过程。

由于人们对技术创新的概念已有清晰的认识,不再多作解释。下面主要对区位的概念作具体的界定。

自从区位概念提出以来,国内外学术界经常讨论区位问题,但至今仍没有形成一个统一的、规范的定义。之所以如此,主要是因为研究者对区位的研究视角不同,许多研究者只是从一个角度对区位进行定义。概括起来,国内外对区位的定义主要有以下几种观点:

1) 将区位定义为事物赖以存在的地理位置

郝寿义、安虎森(1999)认为区位可分为地理区位和经济区位,其中地理区位是以地形、地貌特征表征的区位,强调空间中的经纬度以及地理特征的差异性;经济区位则更多地强调地理坐标(空间位置)所标识的经济利益。詹姆斯(1989)、左大康(1990)认为区位是某种事物占据的场所,而场所的基本属性就是位置性,因此,把区位理解为位置论是有道理的。徐梅(2004)认为区位是指人类经济活动的场所。

将区位定义为某种事物赖以存在的地理位置,是从静止的角度对区位进行的定义,虽符合区位的原意,但没有揭示出区位的全部内涵。

2) 将区位定义为区域地理位置选择及产业赖以存在和发展的

原则

这是指经济活动决策主体为了追逐最大化的经济利益,根据自身的需要和相应的约束条件选择占据最佳的区位的行为。古典区位理论的奠基者都是这样定义区位的。杜能(J. H. Von Thünnen,1826)认为,农业生产布局围绕消费中心形成一系列向外扩展的圈层。韦伯(A. Weber,1909)认为,运费差异和原材料分布是影响企业区位选择的两个主要指标,他以等费用圈作为分析工具,论证了不同类型企业选择的最优区位,并研究了运费、劳动价格和集聚对工业区位的影响。克里斯塔勒(W. Christaller,1932)认为,城市具有等级序列,是一种蜂窝状的经济结构,城市的辐射范围是一个正六边形,每一个顶点是次一级的中心。克里斯塔勒的区位论是从城市或中心居民点的供应、行政、管理、交通等主要职能角度论证城镇居民点和地域体系的。廖什(A. Loesch,1939)认为,市场范围的排列网络中必定有一个大城市,其周边环绕着一系列市场区和竞争点,将中心地理论与工业区位理论结合起来,探讨工业及其市场区最优分布问题。

将区位定义为区域地理位置选择及产业赖以存在和发展的原则,同区位的原始定义相比,有所进步,曾经客观地反映了当时农业、工业、城市等区位形成的原因。但同今天农业、工业、城市区位选择的实际相比,还没有揭示出区位的全部内涵。

3) 将区位定义为由不同条件组成的区域位置体系

高进田(2007)认为,个别区位的选择必然引起"反射作用",它的选择会影响它的竞争者、购买者和供给者,这是从个别工厂区位的观点出发处理局部均衡问题进入区位一般理论的领域。在这里,"反射作用"使区位变成区位间的相互关系,就形成区位体系。艾萨尔德(Walter Isard,1956,1975)认为,区位是一个位置体系,区位决策是区域综合体系的决策。他把研究重点由部门的区位决策转向区域综合分析,建立区域的总体空间模型,研究了区域总体均衡及各种要素对区域总体均衡的影响,他所创立的区位体系理论在某种程度上是对古典区位微观局部均衡分析的一种拓展。埃德加.M.胡佛(1990)认为,市场或人口集中地等区位的形成原因,除了交通便利、水源、矿产、木材、渔业、盐业等资源因素,还应考虑非经济原因如军事或政治因素。

将区位定义为不同条件组成的区域位置体系,客观反映了组成区位的各种条件,但没有反映区位各种条件之间的关系,没有反映区位与外部的关系,因此,不能揭示现代区位所包括的全部内涵。

4)将区位定义为特定经济空间场的自我维系系统

郝寿义(2007)认为,区位是依托于土地的特定经济空间场的自我维系系统,区位的本质是对经济空间场所承载的社会经济关系的一种浓缩性表征,该表征应该被所有相关的经济行为主体所感知,但是重要性会因人而异,有所差别。区位以一种自我实施的方式制约着经济行为主体的区位选择,并反过来又被他们在连续变化的环境下的实际决策不断再生产出来。周旗(2003)认为,区位是地理空间的细胞,是地理空间内用于区际联系的最小区域单元,地理空间是由地理实体和地理场共同组成的,是地理事物填充的地表空间。地理事物具有两种基本存在形式,即地理实体和地理空间场。地理实体是指地球表层系统中与人类活动有关的物质实体,如城市、资源中心、企业等,它们的显著特点就是具有内在的结构、独占的地理位置和相对高的密度,呈离散分布状态。地理场则是地理实体作用空间的存在形式,是地球表层系统中与人类活动有关的可移动要素或因素组成的成连续分布的动态系统,具有地理位置的非独占性和作用的选择性。

以上学者将区位定义为依托于土地的特定经济空间场的自我维系系统,符合经济全球化和经济信息化的现实,但对区位经济场中各个要素揭示的深度还不够,对区位内源的层次性分析不够。

综上所述,本研究认为,区位是依托于一定土地的经济空间场,这种经济场由内源、通道和区位场构成。土地是元区位,它承载的经济空间场是区位的主要要素。区域技术创新的区位约束是指区位内源、通道、区位场等对区域技术创新产生的作用与影响。本研究中的"内源"既包括器物层创新资源(技术、知识、劳动、资本、自然资源等),也包括制度层创新资源(法律、体制、规定、习俗等)和文化层创新资源(价值观、世界观、信仰、思维方式等)。本研究中的"通道"保证了区位所涵盖的经济空间场的完整性,通道既可以是有形的,也可以是无形的。本研究中的"区位场"是指区位所依托的经济空间场所受到的外部性的影响及其对其他区位的外部性影响的总和。这种影响是相互的,区位对于其他区位的外部影响是一种区位价值的体现和增值过程,而其他区位对于该区位的外部影响则构成了该区位的重要价值部分。这种影响既可能是有形的,也可能是无形的;既可能是正面的,也可能是负面的。

1.3　本研究的创新点

本研究运用现代管理学、技术经济学、区位经济学、系统科学及复杂性科学的基本理论与研究方法,在农业区位理论、工业区位理论、中心地理论、多重均衡区位理论等经典区位理论的基础上,构建了技术创新的区位约束理论。旨在科学揭示区域技术创新的区位约束规律,为通过优化区位提升区域创新能力提供理论依据。本研究着眼于对区域经济发展起着决定因素的区域技术创新问题和与之紧密联系的区位问题,在技术经济学和区域经济学这两个交叉学科研究领域内寻找到一个很好的结合点,就区域技术创新与区位约束之间的关系问题进行研究。以前人们对此的关注和研究较少,可以说这是一个比较新的选题。本研究主要在以下几方面取得了创新:

(1)基于价值网络理论和复杂网络理论,分析了区域技术创新过程,提出区域技术创新过程可分为开发网络、研究网络、生产网络三个子过程。区域技术创新是区域市场创新与商务关系创新、技术创新、产品创新的集成创新。本研究从一个较新的角度去认识区域技术创新,认为区位对区域技术创新的约束是通过对开发网络中的商务关系创新与市场创新、对研究网络中的技术知识创新、对生产网络中的产品创新产生约束的。

(2)运用结构方程模型,剖析了区位的结构,把区位看作是一个以土地为载体的经济空间场,由内源、通道和区位场组成,并对其进行了定量研究和论证,弥补了以往研究中多以定性研究为主而缺少具体定量指标研究的不足之处。本研究认为区位对区域技术创新的约束主要表现为区位内源、区位通道、区位场对区域技术创新的约束。区位对区域技术创新的约束是通过器物性区位要素约束、创新规则约束、区位场约束产生约束和影响的。

(3)基于复杂适应性理论,以区域创新主体为核心,建立了区域技术创新的区位约束结构方程模型。提出了只有同时从区位内源、区位通道、区位场等方面研究区域技术创新的区位约束,才能科学揭示区域技术创新的区位约束规律。

(4)应用系统动力学、结构方程、复杂网络、因子分析等非线性方法研究区域技术创新的区位约束,将定量方法应用到区位因素对技术创新的约束研究中,建立了区域技术创新的区位通道约束的系统动力学模型、区域技术创新的区位场约束的复杂网络模型,突破了传统区位研究中定性分析的局限,拓展了现有区位理论的研究方法。

1.4 本研究的目的与意义

1.4.1 本研究的目的

约束区域技术创新的区位是依托于一定土地的经济空间场,这种经济空间场主要由内源、通道和区位场构成。为了科学揭示区域技术创新的区位约束规律,有必要对区域技术创新的区位约束进行深入研究。但目前国内外对区域技术创新的区位约束的研究很少,而且多是从区位的自然因素方面进行分析。区位是以土地为依托的经济空间场,该经济场是由内源、通道和区位场组成的自组织系统。只有从内源、通道、区位场方面同时对区域技术创新的区位约束进行深入研究,才能科学揭示区域技术创新的区位约束规律,从而为优化区位促进区域技术创新奠定理论基础。

本研究的目的就是运用现代管理学、系统科学、复杂性科学、区位经济学、统计学等方法,构建技术创新的区位约束理论。从区位的内源、通道、区位场方面同时揭示区域技术创新的区位约束规律。设计出区域技术创新的区位内源约束、通道约束、区位场约束方面的具体评价指标,弥补区域技术创新的区位约束评价中存在的不足,为促进区域技术创新,提升区域创新能力在区位内源、通道和区位场方面同时提出治理措施。

1.4.2 本研究的意义

本研究力图对区域技术创新的区位约束规律进行深层挖掘,填补区位因素对技术创新的约束研究的不足。在研究方法方面,力争对传统线性研究方法有所突破,通过引入结构方程、系统动力学、复杂网络等非线性研究方法,丰富区位因素对技术创新的约束研究方法。通过对区位制度和区位文化的深入挖掘,揭示区域技术创新受到的区位约束的深层原因。为通过优化区位促进区域技术创新,提升区域创新能力从根本上找到解决办法。本研究对优化区位促进区域技术创新,进而提升区域创新能力具有深刻的理论价值和现实意义。

1.5 研究思路及框架体系

1.5.1 本研究的思路

本研究首先对国内外相关研究文献进行综述,总结出区域技术创新的区位约束的研究现状和存在的薄弱环节。然后针对区域技术创新过程,通过剖析区位结构对区域技术创新的区位约束进行深入研究,并根据区位结构分别对区位内源、通道、区位场对区域技术创新的约束进行系统分析。最后得出研究结论,并对未来研究进行展望。

1.5.2 研究的框架体系及方法

根据研究思路,本研究设计的框架体系及采用的主要研究方法如图 1.2 所示。

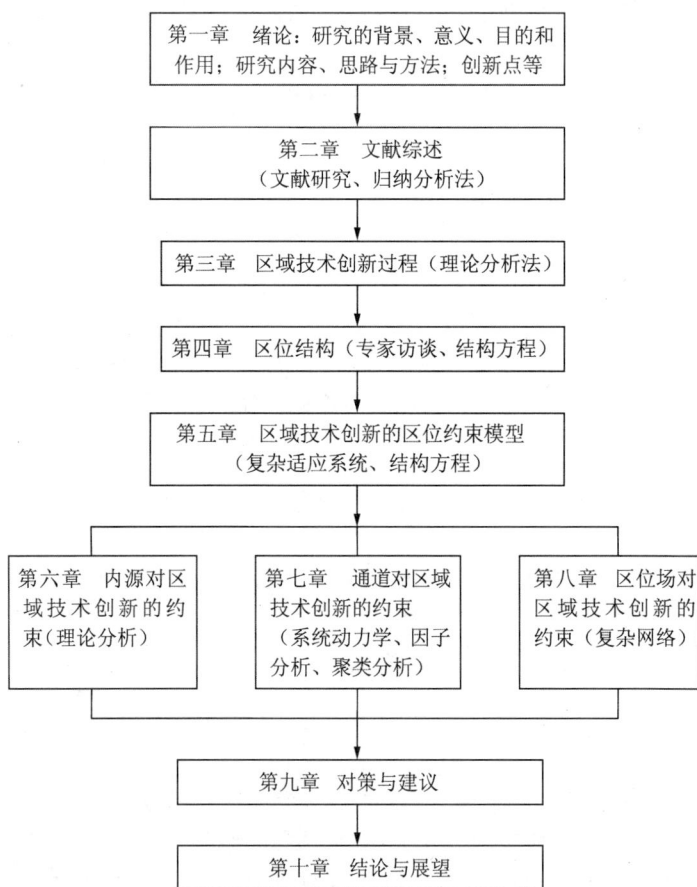

图 1.2 区位因素对技术创新的约束研究框架体系

2　国内外相关研究文献综述

区位因素对技术创新的约束研究来源于区位研究。"区位"源于德文的"standort",英文译为"location",日文译为"立地",中文则译为"区位"。德国农业经济学家杜能(1826)的《孤立国》一书的出版,标志着区位理论的产生。对区位理论的研究起源于德国,而后风靡于英美等发达国家,现已成为全世界研究的热门课题。区位主要包括内源、通道和区位场。目前,国内外关于区域技术创新的区位约束的研究,主要集中在工业企业区位选择方面。下面分别对国内外关于约束区域技术创新的区位内源、区位通道和区位场的研究进行分析评论。

2.1　区位内源研究

区位内源是指区位内部所拥有的创新资源。根据创新资源的性状,约束区域技术创新的区位内源可分为三个层次:器物层内源、制度层内源和文化层内源。其中文化层内源是指不同区位上的人们所具有的思维方式、哲学思想、价值观、信仰体系等;制度层内源是指人们在其思想观念指导下建构起的各种社会结构,如政治体制、经济体制、教育体制等;器物层内源是指人们在思想观念的指导下,在各种社会体制允许的限度内所创造出来的生存方法、方式和各种物质成果,如各种风俗习惯、各种实物性的人工制品以及日常生活方式等。

2.1.1 器物层区位内源研究

器物层区位内源是人们能够直接感觉到的区位内源。人们研究区域技术创新的区位约束首先是从器物层内源开始的。世界古典区位理论的创立者对区位的研究都是从器物层区位内源开始的。

1) 古典区位理论对器物层区位内源的研究

(1) 杜能的农业区位论　杜能是 19 世纪初德国经济学家,是经济活动空间模式的创始人。他 1826 年完成的名著《孤立国》,成为农业区位论的代表著作。杜能写作《孤立国》的时代是普鲁士农业企业化发展的时期。在工业上,普鲁士由于导入了机械工业生产而早已进入了近代资本主义社会。但是,在农业上没有像工业生产那样的技术性革命,仅仅在改变传统的农法上进行了尝试,追求合理的新农法已成为时代的需求。杜能的《孤立国》研究的直接意图,是由于当时德国农学家泰尔提倡在农业落后的德国也应普及轮作式农法,以改变通过休闲来恢复地力的落后的三圃式农法。杜能为了证明轮作式的不合理性,从地域角度对农业经营的空间原理进行了研究。由于杜能是针对农业区位进行的研究,他将土地作为核心资源,认为土地位置不同,距离城市市场的远近不同,导致农业生产成本在空间上的差异,从而对地租产生不同的影响。杜能从土地资源出发研究农业区位,建立了农业生产的空间差异模型,第一次从理论上系统地阐明了空间摩擦对人类经济活动的影响,不仅可以用此原理说明农业土地利用,对于其他土地利用仍然有效,是土地利用一般原理的基础。杜能从级差地租出发,建立了合理的农业集约化经营模型,这不仅被广泛地应用于农业,而且也被广泛应用到工业和地区布局的研究中。但杜能只看到了土地资源对农业区位选择的作用,忽视了其他资源对农业区位选择的作用,具有一定的局限性。

(2) 韦伯的工业区位论　韦伯是工业区位论的奠基人。他运用杜能的研究方法,结合德国工业实际,对德国 1881 年以来的工业区位、人口集聚和其他工业区位问题进行了综合分析,于1909年出版了《工业区位论》。韦伯研究工业区位,以资本、人口作为核心资源,认为最低成本是企业区位选择的基本因素,只有经济因素影响工业区位,经济因素主要是成本因素。成本因素有多种,但真正起作用的有两项,即运输成本和劳动成本,另外还包括集聚。韦伯虽然认为工资既取决于自然环境,也取决于文化环境的差别,但在区位分析中主要考虑了自然技术因子,抽象掉了社会文化因子,忽视了制度和文化对工业企业区位选择的作用,从而使韦伯的工业区位论具有一定的局限性,不能解释所有的工业区位现象。

(3)克里斯塔勒和廖什的中心地理论 克里斯塔勒提出城市中心地理论,认为城市具有等级序列,是一种蜂窝状的经济结构,城市的辐射半径是一个正六边形,而每个顶点又是次一级的中心。克里斯塔勒的中心地理论假设中心地分布的地域为自然条件和资源相同且均匀分布的平原,人口均匀分布,且居民的收入和需求以及消费方式都相同,相同的货物和服务在任何一个中心地价格都相等,消费者购买货物和享受服务的实际价格等于销售价格加上运费。所以,克里斯塔勒的中心地理论只考虑区位中经济方面的土地、人口、资本等要素,把消费者看作“经济人”,认为消费者首先是利用离自己最近的中心地。但在现实中,消费者的行为是多目标的,其消费行为不但受经济因素的影响,还受到制度、文化等社会因素的影响,消费者更倾向在高级中心地进行经济活动或社会活动。这样会导致高级中心地的市场区域范围扩大,使中心地系统结构发生变形。

廖什的市场区位论的特征在于确定理论上的能够获得最大收益的地域。他认为对产品的需求取决于价格的高低、需求的强度、市场的半径、每单位距离的产品的运输成本四个因素的作用;近代西欧的工业区位正是按产品需求量的大小而逐步形成的,每一个新出现的工业点都离不开周围的消费者。廖什不把最低成本作为工业区位的决定因素,而把与工业产品销售范围联系一起的利润看成决定因素。同克里斯塔勒的中心地理论相比,廖什除强调人口因素外,还强调需求对形成六边形市场系统模型的作用。在中心地的等级与所供给商品的种类间的关系方面,克里斯塔勒认为两者具有明确的对应关系,即同一等级中心地的中心职能相同,所供给的商品的种类也相同,一般高级中心地具有低级中心地的所有职能,而廖什认为即使是同一等级的中心地所供给的商品种类也不相同。也就是说,同克里斯塔勒相比,廖什除强调资本和人口在形成区位中的作用外,更强调市场资源的作用,但仍忽视制度和文化等社会因素在城市区位形成中的作用。

(4)克鲁格曼的多重均衡区位理论　克鲁格曼(P.Krugman,1993)认为最佳区位并不是唯一的点,可能是一个面,这就是多重均衡状态;制造业中心集聚的稳定模式取决于较大规模经济、较低成本以及制造业在支出中的较大的份额这三者的某种结合。克鲁格曼重视资本和劳动者两种资源在区位形成中的作用。他认为运输成本和相对实际工资率决定区位均衡,并且城市的均衡点随着这两个因素的变化而变化,变化的范围及均衡的范围,也就是可能性的城市的范围,主要影响因素是总消费中制造品的比重和替代性,总消费中制造品的比重和替代弹性越大,范围也越大,也即有可能性的城市的范围越大。

通过以上古典区位理论对区位内源的研究可知,古典区位理论的研究者重视有形资源在区位形成中的作用,忽视无形资源在区位形成中的作用,因而对区位内源的研究结果存在一定的局限性。

2)近现代区位理论对器物层区位内源的研究

近现代区位研究者除重视有形资源对区位形成的重要作用外,越来越重视无形资源对区位形成的作用。从而使区位理论在古典区位理论的基础上进一步完善起来。

(1)将组织因素作为形成区位的一个条件　James G. March(1984)认为,组织是由很多个人和部门组成的,并且组织会有重叠或相互对立的目标,新古典区位理论假设组织结构没有差异,但不同组织结构会产生不同的区位选择。Hamilton. F. E. I(1978)认为,新古典区位理论并不考虑企业管理和组织形式的差异对区位选择的影响,事实上企业区位选择取决于组织管理目标的相互作用。Wood. P. A (1987)认为,行为区位理论是将组织理论和心理学当成理论基础的,既重视区位为行为主体的选择对象,也重视区位与行为主体间的依存关系。以行为经济学为主的区位理论,是解释区位主体在企业内外环境下,如何形成空间形态的。吴永忠(2007)认为,科技资源是科技人力资源、科技财力资源、科技物力资源、科技信息资源及科技组织资源等要素相互作用而构成的系统。将组织因素作为形成区位的一个因素,突破了传统区位理论对区位资源的限制,扩大了区位内源的范围,为研究不同组织区位的形成提供了新的思考思路。

(2) 将信息资源作为形成区位的一个条件　W. Breckinridge Carden, Martha E. Bickford(1999)认为,信息水平和信息利用能力水平对区位选择具有重大影响,虽然每个人都具有同样的信息水平,但是很有可能难以保证最佳区位的选择。Day. R. H(1983)认为,有限理性具有不完全信息、有限预测、有限认识力量、动态偏好等的特征。区位选择是一种经济行为,区位选择主体经常是在非完全竞争和非完全信息条件下做出区位选择的。H. Ferreira, M. Scotto(2002)认为,在有限信息条件下,区位决定行为就是优先合理性的行为,并且在例行合理性条件下,经济人会追求利润最大化,在有限合理性约束下,每个人的约束条件都不一样,企业的区位条件并不决定于单个地点,而是能够得到利润的任何地点都可以成为区位客体。高建等(1996)通过对中国1 051家企业技术创新活动进行分析后指出,中国企业技术创新在各方面都存在一定障碍,缺乏资金、缺乏人才、缺乏信息和体制不全是目前企业技术创新的四大障碍。丁厚德(2005)认为,科技资源包括科技人才、科技活动资金、科学研究试验装备、科技信息,汇集于科技活动单位,联合发挥有机的、系统的作用。谭清美(2004)认为,区域创新资源是区域创新系统中的创新要素,包括人才资源、资金资源、金融资源、信息资源、权威资源、人文资源和条件资源等。将信息作为区位形成的一个条件,在信息全球化的今天,对研究器物层区位内源的形成规律,具有很强的现实意义。

(3)将历史和时间因素作为区位形成的一个条件　Massey D (1997)认为,区位是一定历史条件的产物,产业区位被新古典区位理论转变为非历史性的抽象空间,是与事实不相符合的。Veron R 和 Melciki E J 认为,不同产品周期阶段具有不同的区位特征,如产业区位在新产品研究开发阶段较集中于核心地区的大城市中心,在大量生产阶段较集中于大城市周围地区,在产品增长衰退阶段集中于非城市地区。产品周期的长短也影响区位选择,要使产品周期较短,有利于靠近市场,是因为产品竞争力并不是取决于价格,而是取决于技术创新。任何区位都是一定历史条件的产物,区位形成的条件随着人类社会的发展在不断发生变化,所以,区位的形成离不开当时的历史背景。只有将时间作为区位形成的一个条件,才能把握区位形成内源的动态性,从而更科学地进行区位选择和进行区位条件优化。

通过以上分析可知,随着社会的发展,区位形成条件在不断发生变化。区位内源中有形因素的地位在不断下降,而无形因素的地位和作用在不断上升。将社会作用作为区位形成的一个条件已成为一种研究潮流。Massey D(1984)认为,空间作用离不开社会作用,没有社会意义的空间作用,根本不存在纯空间动因、空间规律、空间相互作用,我们只能说社会动因的空间形式、社会规律的空间形式、社会相互作用的空间形式。虽然国内外不少学者已开始重视无形因素在区位形成中的作用,但目前只是处于描述和解释阶段,很少进行量化分析,并进行实证研究。

2.1.2　区位制度研究

由于区位是依托于一定土地的经济空间场,所以,研究制度层区位内源,必须先搞清制度与区位的关系。

1) 区位与制度的关系研究

关于区位与制度的关系,自从区位理论产生以来,曾经产生过许多不同的观点,概括起来,主要集中在以下几个方面:

(1) 认为制度不属于区位要素　杜能(1826)在《孤立国》中阐述了农业区位理论,对于其假想的"孤立国",杜能给出六个假定条件:在一个大平原中央只有一个城市,在这个平原之外,没有适合耕种的土地,只有荒原与外部世界隔绝;孤立国具有同样适宜的气候和肥沃的土壤,宜于植物、作物生长;孤立国既无河川,也无运河,马车是产品唯一的运输工具;孤立国城市的食品完全来源于周围的土地,该城市是其周围农村工矿品的唯一供应者;市场的农产品价格、农业劳动者工资、资本的利息都假定不变;农民生产的动力是获得最大的纯收益,他们根据市场的供求关系调整其产品种类。通过杜能对孤立国区位理论的假设可以看出,杜能没有将制度作为区位要素考虑。

韦伯(1909)在《工业区位论》中阐述了工业区位理论。韦伯的工业区位理论具有如下假设:研究对象是一个孤立的国家或地区,对工业区位只探讨其经济因素,假定该国家或地区的气候、地质、地形、民族、政治、技术发展差别等不起作用;原材料供应地的地理分布是规定的,燃料产地为已知点,生产条件和埋藏条件不变;劳动供给地为已知点,供给情况不变,每个区位中劳动力是不可流动的,工资固定,且该区位的劳动力供给是无限的;消费地为已知点,需求量不变;所有的生产者是在完全竞争条件下;运费是重量和距离的函数;生产和交易均就同一品种进行讨论。韦伯的工业区位理论也没有将制度作为区位要素进行考虑。

克里斯塔勒(1933)在《德国南部中心地原理》中提出中心地理论,他假设中心地分布的地域为自然条件和资源相同且均值分布的平原;人口均匀地分布,且居民的收入和需求以及消费方式都相同;统一规模的所有城市,具有统一的交通系统,消费者都利用离自己最近的中心地,就近购买;相同的货物和服务在任何一个中心地价格相等。克里斯塔勒的中心地理论将制度排除在区位因素之外。

廖什(1954)在《经济空间秩序》中提出了市场区位理论,他假设一个工业中心的周围是农业区域,农业区域的居民是工业品的购买者;工厂规定它生产出来的产品的价格;在均质的平原上,沿任何方向运输条件都相同;在整个平原上居民都具有相同的技术知识,所有的农民都可能得到生产机会;除经济方面的作用外,其他因素都不考虑。廖什的市场区位理论不考虑制度对区位的作用。

霍特林(1929)提出的市场空间竞争理论假设消费者在空间上均匀地分布;生产费用在所有的区位都相等;产品的运费率在所有的区位都相等;生产者按照工厂生产价格销售,产品运费由消费者支付。

上述古典区位学者适应当时经济发展阶段的特点,分别提出了农业区位理论、工业区位理论、城市区位理论、市场区位理论等,但他们只重视生产成本对企业生产的约束,没有注意到交易成本对企业生产的约束,没有注意到可以降低交易成本的制度对企业生产的约束。因而古典区位理论关于区位要素的理论存在一定的局限性。

(2)认为制度属于区位要素,区位制度是同质的 20世纪50年代以后,随着制度经济学的发展,制度在区位中的地位和作用逐渐引起重视。国外学者俄林(1986)的贸易区位理论、弗农(1966)的产品生命周期国际投资区位理论已从关注企业自身区位选择,转而考察变化的政治、经济、文化、技术等外部环境,甚至表明一个重要观点:企业区位形态并不是由企业或区域内部因素来决定,而是由世界资本主义市场经济结构与跨国公司的全球经济战略来决定的。

我国学者也开始关注制度在区位中的地位和作用。郝寿义在2007年出版的《区域经济学原理》中重新定义区位,认为区位要素分为自然条件和自然资源、人力资源、资本、技术、制度等,上述区位要素具有等级性,不同等级的区位要素对于区位价值的提升和创造的作用是不一样的。自然条件和自然资源是最初级要素,资本、人力资源等要素是高一级要素,技术和制度是更高级的要素。高进田(2007)认为,区位的本质是经济空间场所承载的社会经济关系的一种能够浓缩性表征,区位以一种自我实施的方式制约着经济行为主体的区位选择。区位要素包括自然资源禀赋和土地资本性投入、经济行为主体、分工专业化水平、人力和技术影响、信息网络、制度等。其中,制度是一系列被指定出来以约束行为主体福利或效用最大化的个人行为的规则、守法程序、道德和伦理的行为规范。要素的配置决定着经济增长速度,而经济制度又影响资源配置效率,进而影响经济增长。制度对"经济空间场"的作用在于稳定,相应的制度能够在一定时段内稳定相应的经济空间场。除郝寿义、高进田外,我国学者傅十和(2008)、魏守华(2009)、张慧(2007)、马广明(2009)、于蕾(2008)、曾刚(2007)、李雪(2008)、刘静(2008)、何慧红(2009)、鲁明勇(2010)、赵儒煜(2008)等也都将制度作为一种高级区位要素,但都认为区位制度是同质的,与现实区位制度有一定差异。

(3) 认为制度不具有区位性 关于制度的内涵,旧制度经济学派的 Veblen T.(1981)、Comons J. R.(1981)、Schotter A.(1988)、Hodgson B. H.(1988)、Neale M.(1989)、Elsner(1989)、Bromley E.(1989)、Ostrom E.(1990)、Pejoice(1995)、Scholar A.(1988)等分别从不同角度进行了定义,他们普遍认为,制度形成于集体之中,是对集体中个体行为的约束;制度的形成是自发演进的;制度的形成是一个长期的过程,制度一旦形成其作用具有延续性。新制度学派的诺斯(1994)、Schultz T. W.(1994)、Ruttan V. W.(1994)、柯武刚与史漫飞(2000)、青木昌彦(2001)、林毅夫(1988)、张曙光(1992)等分别从不同角度对制度进行了定义,他们普遍认为,制度是人为设计的一系列规则;制度在促进经济增长、社会发展中发挥重要的作用;制度有一种信息传递的功能,通过制度可以使人们形成合理预期,减少"远期的无知"。由旧制度学派和新制度学派学者们对制度的定义可知,他们都认为制度是同质的,是脱离区位独立存在的一种规则,即制度不具有区位性。

2) 对区位与制度主要观点的评价

古典区位理论认为制度不属于区位因素,否认了交易成本的存在。企业、市场、政府都可以作为配置资源的手段,但经济主体究竟采用哪种手段配置资源,则取决于交易成本。威廉姆森(1985)认为,交易成本是利用经济制度的成本,包括事先交易成本和事后交易成本两种形式。事先交易成本包括起草、谈判和维护一项协议的成本。事后交易成本包括:当交易偏离了所要求的原则而引起的不适应成本;倘若为了纠正事后的偏离准则而做出了双边的努力,由此而引起的争论不休的成本;伴随建立和运作管理机构而来的成本;使安全保证生效的抵押成本。交易成本的存在取决于受到限制的理性思考、机会主义、资产特殊性。所以,只要存在生产成本,就有必要将运输成本、劳动等因素纳入区位要素;只要存在交易成本,就有必要将制度纳入区位要素。

认为制度属于区位因素,区位制度是同质的,忽视了区位制度的根植性,忽视了元区位和区位文化对区位制度形成的影响。制度是一种规则,是一定区域人们在生产和生活中必须遵守的规则,其根本目的是为了约束人的行为。制度是制定者按照一定规则制定的,制度制定者在制定制度时所遵守的主要规则是当地的区域文化,即根植于当地的信仰、价值观、习俗等。区位制度只有与区位文化相匹配,才能减少制度执行过程中的阻力,提高制度执行效率。由于各地元区位禀赋不同,各地经历的历史不同,致使区位文化存在异质性。元区位和区位文化的异质性形成区位制度的异质性。高效率的区位制度以高效率的区位文化为基础,制度可以复制,但文化不可复制,从区位文化出发,针对本地实际,制定具有本地特色的、异质的区位制度,是保证制度效率的重要前提。

制度具有区位性。认为制度可以脱离区位单独存在,否认了制度环境对制度的约束作用。制度变迁总是嵌入于区域综合资源禀赋结构之中,制度变迁的路径选择受到区域综合资源禀赋结构的制约和影响。区域资源禀赋结构构成地方政府及政府精英,主导区域经济发展路径的政治、经济、社会背景,形成精英行动的有形的或无形的环境约束。区域综合资源禀赋结构主要包括三种类型:区域历史文化与地理区位;区域生产要素资源(人力资源、资本资源、技术资源等);区域地缘、血缘、乡土关系、习俗、惯例所综合形成的非正式社会规则。

3) 对区位制度进行研究的必要性

在知识经济迅猛发展的今天,技术创新与制度创新早已形成区域经济发展的两股重要力量。站在技术创新角度考虑,制度创新是技术创新的重要动力;站在制度创新角度考虑,技术创新又成为制度创新的重要动力。就技术创新而言,制度是区域技术创新的内生变量,是区域技术创新的组成部分。一个区域的技术创新制度直接决定其技术创新的效率,所以,研究区域技术创新离不开研究当地的制度。

同时,区位制度具有异质性,制度根植于特定的区位。制度对技术创新的作用是有条件的,其中主要表现为元区位和区域文化对制度的约束。时间和空间是任何经济理论必须考虑的两个重要方面。考虑元区位对区位制度的影响,就是考虑空间因素对区位制度的影响;考虑区域文化对区位制度的影响,就是考虑区域历史对区域制度的影响。区域元区位和区域文化的异质性决定了区域制度的异质性,将制度纳入区位要素,结合具体区位对其相关制度进行研究,是促进区域技术创新,克服制度约束的重要举措。

2.1.3 区位文化研究

在人类社会进化过程中,生物只有一条进化机制,即生物进化机制。而人则有两条进化机制,一条是生物基因进化机制,另一条是基于劳动实践活动、社会交往活动、语言符号活动这三大主题活动形成的文化进化机制,通过语言符号、人文科学、文化教育等途径推动文化基因系统进化。文化基因差异既是人区别于动物,也是区域之间人们创新能力差异的根本原因。

1) 区位与文化研究

关于区位与文化的研究,主要有以下几种观点。

(1) 认为文化属于区位要素 通过前面对国内外区位理论研究的综述可以看出,古典区位理论只注重生产成本对区位的影响,没有对社会文化因素引起足够的重视。从 20 世纪 40 年代末期起,美国学者胡佛、艾萨德等人综合了韦伯、俄林、廖什等人的论点,才提出对工业区位进行多成本因素分析的观点。此后,文化对区位的影响逐渐引起区位经济研究者的重视。巴森特和赫克特(1990)通过对加拿大技术三角地区的调研数据进行分析,将影响产业区位选择的因素分为十项,其中第十项为社会文化氛围。郝寿义(2007)将企业的区位影响因素分为六项,其中,第六项为制度。他认为要素的配置效率决定着经济增长速度,而经济制度又影响资源配置,进而影响经济增长。作为影响区位所代表的"经济空间场"的制度,包括成文的法律、法规、管理制度,还包括一些潜意识等本元制度。他所说的本元制度就是本研究所指的区域文化。汪波(2008)认为,非正式规则对区域经济发展具有重大影响,非正式规则是基于血缘、地缘、人际关系、习俗、惯例综合形成的,具有共同利益的区域关系网络,在市场经济尚未完善的非法制化环境中,广泛地支配和影响着生产、交换和分配活动,构成一种约束交易双方行为的无形合约,对区域制度变迁路径选择与产权机构安排产生着重要影响。上述综述表明,近年来国内外区位经济学者虽然对文化因素对区位的影响逐渐重视,但对文化因素如何影响区位则研究甚少。

(2) 认为区域文化是均质的 认为区域文化是均质的,每个区域成员对区域文化的感知是一样的。倪鹏飞(2002)认为,区域文化优势的表现在于文化综合因素的整体展示。徐惠蓉(2002)认为,文化诱导劳动力需求偏好,决定和影响劳动力的创业冲动状况,是城市竞争力的最初始的深层诱致牵引力量,是城市竞争力极为重要的组成部分。叶皓(2008)认为,决定区域文化竞争力的因素主要有经济实力、国际化程度、公共文化设施、传媒、文化资源与文化产业、人力资源与创新、文化消费、生活质量等，这些因素共同构成区域文化竞争力的有机整体，不仅决定着一个区域的现实文化竞争力状况，也影响着区域的竞争潜力。

（3）认为区域文化是异质的，异质性表现在不同区域之间　赵秀玲、张保林（2008）认为，区域文化的突出特点在于区域文化的差异性，与其他地区对比，彰显出文化的独特性。与其他区域的文化相比，突出该区域特有的文化魅力。鲍宗豪（2004）认为，城市的不同个性和文化魅力，既是不同城市的历史记忆、历史文化的积淀、历史文脉的延续，也是不同城市的居民在千百年来的交往实践中所形成的理想、信念、价值观与行为方式，在城市文化中的折射和聚焦，又是不同城市居民对自己喜爱的城市生活与文化样式的创造。李昕（2008）认为，文化的差异性也是提高文化产业竞争力的重要的文化资本。从理论上讲，不同区域的文化产品都有其不可取代的价值，都有面向全球市场的权利和条件，全球文化互动的内在动力正在于不同文化在形式与意义上的互补，换句话说，文化产业的发展在很大程度上依赖于文化的差异性，而各民族独特的非物质文化遗产恰恰是文化差异性的集中体现。在此意义上，文化产业的发展与非物质文化遗产保护是一致的，甚至可以说，非物质文化遗产的保护为文化产业的发展提供了某种内驱力。陈剑峰（2006）认为，城市文化竞争力是城市所特有的价值观念、社会心理、文化素质和科技水平，它是一种软约束和软激励的力量，它决定着城市长远发展、教育与科技水平，是城市核心竞争力的外在特征。

2）对区位与文化主要观点的评价

认为文化不属于区位要素的观点否认了交易成本对企业的作用。企业在生产过程中存在生产成本，为达到节约生产成本的目的，需要根据运输指向、劳动指向、集聚指向选择生产成本最低的企业区位。同时，企业在交易过程中还存在交易成本，企业为达到节约交易成本的目的，需要根据制度指向、文化指向选择交易成本最低的企业区位。另外，长期以来，区位研究与文化研究的脱节，使文化长期没有作为区位要素,忽视文化因素对区位的作用,影响到对区位完整性的理解。文化对区位具有根植性,文化属于区位要素。

认为区域文化是均质的,忽视了区域文化的本质。区域文化本质上是一种隐性知识,隐性知识主要表现为个人知识,对个人具有很强的依赖性。Ravetz(1971)认为,隐性知识根植于个人当中,已经达到了看起来完全自然的程度。区域文化作为一种隐性知识,个人是区域文化的核心载体。由于家庭出身、学历、生活阅历、工作阅历、天赋等的差异性,同样处于一个区位上的人们,对区域文化的理解不可能是一样的,即区域文化在一个区域的分布是不均匀的。

认为区域文化的异质性只表现在不同区域之间,也忽视了个人作为区域文化载体与区域文化关键的特征。虽然由于种种原因可能存在各种组织文化,但个人是组织文化的微观载体,离开组织成员,组织文化将不可能存在。所以,只有将区域文化分解到关键的创新主体——企业家、研发人员、风险投资人员身上,才能真正揭示区域文化与区域技术创新之间关系的本质。

3) 对区位文化进行研究的必要性

区位文化是黏滞在一定区位上的文化。区位文化与区域技术创新关系密切,适宜技术创新的区位文化能够促进技术创新的发展,不适宜技术创新的区位文化会阻碍技术创新的发展。

（1）技术创新与文化　通过对 2001—2010 年中国各省创新能力排名与区位文化排名进行分析发现,中国各省创新能力排名与区位文化排名具有很高的相关性,如 2010 年中国各省创新能力排名与区位文化排名的相关系数为 0.719,如图 2.1 所示。要促进区域技术创新,保证区域技术创新的可持续发展,从根本上讲,应该从区域文化上采取措施,区域文化是影响区域技术创新长期发展的最终决定因素。比如美国、德国和日本,区域文化不同导致创新力和创新积极性不同。美国企业的特征是个人主义,他们设置了"产品冠军"来提高新产品创造力。德国企业强调团队,以一个通才领导团队内各领域的专才。日本更重视集体的作用,他们强调每个集体成员都需了解必要的基础知识,这对创新成功非常重要。

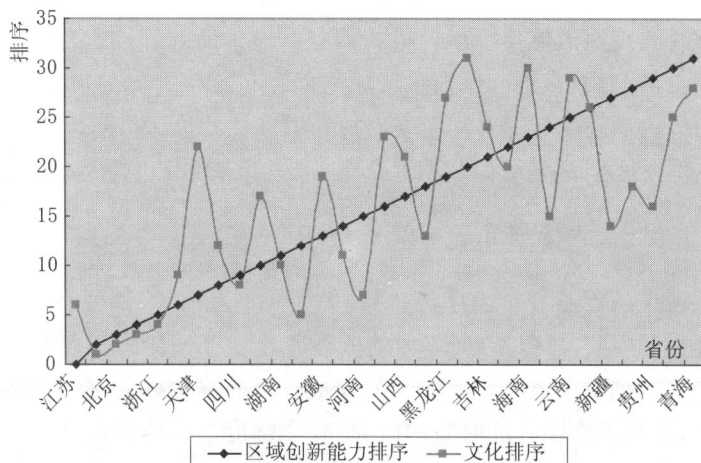

图 2.1　2010 年中国各省创新能力排序与区位文化排序
数据来源:根据《中国区域创新能力报告 2010》、《中国统计年鉴》综合整理

　　(2)区位文化的异质性　从根本上讲,区位文化的异质性体现在不同的创新主体身上。Luthans(1995)认为,文化具有习得性、共享性、约束性、差异性、共性五个特征。其中,差异性就是文化的异质性。由于社会条件、自然环境、经济水平、社会制度等的差异,形成了世界上丰富多彩的文化种类。文化的差异性不仅表现在不同的文化单元中,也存在于同一文化单元中,由于个体的教育水平、生活经历、人际关系的不同,个体所接受的文化的整合和强化程度也不尽相同,对文化的了解和理解就会不同,文化在每个人身上的表现和发展也不一样,因而同一文化单元内,会呈现出各种各样的性格和行为等。也就是说,文化的异质性不仅表现在区位上,还体现在不同的区域创新主体身上。只有把区域文化基因落实到具体的创新主体身上,才能从微观层次揭示文化对区域技术创新产生约束的规律。本研究为研究区位文化对技术创新的约束作用,将具体区位上的区域文化分解为企业家文化、研发文化和风险投资文化。

从深层次讲,区位是由区位文化决定的,区位文化结构决定区位文化功能,进而决定区域创新主体的创新行为。但很少研究从区位文化角度对区域技术创新进行研究。通过研究区位文化对区域技术创新的约束,既可以揭示区域之间存在区位差异的根本原因,也可以为后发区域提升创新能力找到根本性的治理措施。所以,无论从理论角度,还是从实践角度,都有必要对区位文化进行深入研究。

2.1.4 区位内源研究的不足之处

区位内源是一个立体,忽视其中任何一层内源,都可能造成区位优化的障碍。区域创新能力的核心是区域创新主体,区域创新能力是区域创新主体各层次能力的集成。目前国内外对区位内源的研究,重视器物层区位内源的研究,轻视制度层区位内源和文化层区位内源的研究;重视约束区域技术创新的区位实证的研究,轻视约束区域技术创新的区位理论的研究;重视单个区位内源的研究,轻视区位内源之间关系的研究;重视区位内源表面关系的研究,轻视区位内源形成规律的深层挖掘。

2.2 区位通道研究

在区域创新系统中,通道既是联系区域创新主体的桥梁和纽带,也是区位内源相互作用形成区域创新能力的重要条件,在区域创新网络中起着举足轻重的作用,但区位理论产生近百年来,对区位通道的研究相对较少。区位通道研究是区位研究中的薄弱环节。下面分别对有关区位通道的研究进行总结。

2.2.1 古典区位理论对区位通道的研究

通道保证了区位所涵盖的经济空间场的完整性。这种通道既可以是有形的,也可以是无形的。现代国内外对区位通道的研究来源于古典区位理论对区位通道的研究。

1) 农业区位理论对区位通道的研究

杜能在《孤立国》中假设"孤立国"既无河川,亦无运河,马车是产品唯一的运输手段;农村除同中心城市外,与其他任何市场无联系,即中心城市是唯一的农产品贩卖中心,也是工矿区唯一的产品供应者;运输费用同运输的重量和距离成正比,运输费用由农业生产者负担。所以,在杜能的农业区位理论中,区位通道只有道路。杜能就是根据从生产地到消费地之间的运输费用的差异,建立农业生产的空间模型的。杜能所研究的区位通道——道路是最原始的区位通道,时至今日,这种区位通道仍是联系各种区位内源的主要方式。但由于历史条件的局限,杜能忽视了其他区位通道对区位内源的作用,因此,他揭示的区位通道是不完整的。

2) 工业区位理论对区位通道的研究

韦伯在《工业区位论》中假设所分析的对象是一个孤立的国家或特定的地区,对工业区位只探讨其经济因素,而假定该国家或地区的气候、地质、地形、民族、工人技艺都是相同的。他将运输费用作为重量和距离的函数,即运费同里程和载重吨位成正比,运输方式为火车。同杜能相比,韦伯同样认为区位通道只有道路这种方式,但它将运输工具假设为火车,比杜能前进了一步。除自然因子外,社会形态和一定文化水平同样可以使工厂取得收益。韦伯认为,工资既取决于自然环境(如人种),也取决于文化环境(如技能)的差别。韦伯在区位分析中主要考虑自然技术因子,抽象掉了社会文化因子,因此,忽视了信息等社会通道对区位内源的作用,具有一定的局限性。

3) 中心地区位理论对区位通道的研究

克里斯塔勒提出的中心地理论认为,中心地分布的地域具有统一的交通系统,且在统一规模的所有城市,其便利程度一致,运费与距离成正比,消费者都利用离自己最近的中心地,即就近购买,以减少交通费。克里斯塔勒提出的中心地理论是从城市或中心居民点的供应、行政、管理、交通等主要职能角度论述城镇居民点和地域体系的,认为消费者是"经济人",忽视了社会信息等非物质区位通道对区位选择所起的作用,而且他对交通的发展和人口的移动带来的中心地系统的变换没有进行论述,因而他对区位通道的论述也具有一定的局限性。

2.2.2 现代区位理论对区位通道的研究

现代区位理论已经开始注意非物质通道对区位形成的作用,但截至目前,仍处于定性分析阶段,而且分散于区域创新网络理论当中,还没有形成独立的理论体系。概括起来,现代区位理论对区位通道的研究集中在以下几方面:

1) 将信息作为区位的一个内部通道

Pred A R(1967)认为,信息水平和信息利用能力水平对区位选择具有重大影响,虽然每个人都具有同样的信息水平,但是很有可能难以保证最佳区位的选择。Wood P A(1987)也认为,最佳区位选择要求区位主体的完全信息,区位选择的目的局限于成本最小化和收益最大化。以行为经济学为主的区位理论在很大程度上突破了新古典区位理论的限度,具有一定的积极意义。陈新跃等(2002)认为,企业创新网络的关系特征决定了企业之间的联结机制不同于组织内部科层的行政机制,也不同于市场交易的价格机制,而是建立在信息充分共享、资源充分流动基础上的利益共享、风险分摊的联结机制,包括企业信息网络联结机制和企业其他网络联结机制。将信息作为区位的一个通道,在信息全球化的今天,对区位的形成具有一定的现实意义。发展了古典区位理论关于区位通道的假设。

2) 将服务作为区位的一个内部通道

盖文启(2002)认为,区域创新网络中的关系链条,既是信息、知识传递扩散的关键通道,又是信息、知识、技术等在扩散过程中创造价值或知识增值的"价值链"。因此,区域创新网络中的关系链比较复杂,既可以是人们能够观察到的物品、服务、资金等物资关系,也可以是人与人之间非正式交流中的知识、信息等非物资关系。AnnaLee Saxenian(1991)认为,不仅交通通讯、技术交流服务等基础设施重要,而且咖啡馆、酒馆等也是人们结网交流和产生创新思想不可或缺的。张苏梅等(2001)认为,区位内部的联系通道是创新区内各创新资源之间实现知识、信息、技术逐级传递的各种途径,主要包括技术协作联系通道、信息传递联系通道、人才流动联系通道和服务合作联系通道等。将服务作为区位的一个内部通道,突破了传统区位理论中关于区位通道的限定,为将邮政、通信等服务纳入区位通道奠定了理论基础,丰富了区位通道的内容。

2.2.3　区位通道研究的不足之处

通过上面对区位通道的研究进行总结可知,国内外对区位通道的研究存在以下不足之处:① 对区位通道的研究不够深入。目前对区位通道的研究散见于各种区域创新系统或区域创新网络研究中,还没有见到有学者对区位通道进行专项研究。② 对区位通道的研究多是定性分析,缺乏定量分析,对区位通道与区域创新产出的关系进行相关分析的研究更少。③ 对区位通道的研究太笼统,很少对区位通道中的物质通道和信息通道做更深入的研究。区位通道既是联系区域创新网络中各结点(企业、大学、科研机构、政府、金融机构、技术中介机构等)的纽带,也是区域内部各种创新资源流动和转移的关键通道,有必要对区位通道进行深入研究。

2.3　区位场研究

约束区域技术创新的区位场主要包括区位对创新资源的集聚性和区位的技术扩散性。

2.3.1　区位资源集聚性研究

1) 区位资源集聚原因研究

关于创新资源向一定区位集聚的原因,国内外主要有两种观点:一是认为创新资源向一定区位集聚是因为自然技术原因;二是在承认自然技术原因的同时,还认为创新资源向一定区位集聚是因为社会文化原因。

(1) 认为创新资源向一定区位集聚的自然原因和社会文化原因　工业区位理论的创立者韦伯认为,按照区位因子对工业区位作用的方式,区位因子可分为自然因子和社会因子。区位的自然因子是使工业固定于一定地点的因子,如因运费使工厂的原始分布趋向于某特定的地方,就属于自然因子。区位的自然技术因子是由于自然条件和资源的特殊性形成的。区位的社会文化因子是在工业固定于某些特定地点后而产生的一些伴生性区位因子,使工业趋于集中或分散,如协作、成组布局、动力使用、地价上涨、环境污染等。区位的社会文化因子是由于社会经济形态和一定文化水平而使工厂取得利益的。韦伯认为,工业创新资源向一定区位的集聚首先是自然技术集聚,其次是社会集聚,但他在具体分析时,暂时舍弃了社会集聚因子对区位形成的作用。因此,韦伯关于区位要素集聚的研究结果具有一定的局限性。

(2) 认为资源集聚地具有一定的空间形状　克里斯塔勒和廖什的中心地理论认为,工业资源向中心地集聚,区位空间达到均衡时,集聚地的空间模型是六边形。因为六边形既具有最接近于圆形的优点,也具有比三角形和正方形等其他多边形运送距离最短的特点,此时需求可达到最大化。克里斯塔勒和廖什都将消费者看作"经济人",不重视社会因素对资源集聚所起的作用。

(3) 认为创新资源集聚是多重区位均衡的结果　克鲁格曼(1993)认为,由于良好的市场接近性,厂商的生产活动倾向集中在一定的区位,这种正反馈过程导致中心城市的形成,并且中心区位不仅是由自然条件决定的,而且是由典型的多重区位均衡决定的。他认为制造中心集聚的稳定模式取决于较大规模经济、较低运输成本,以及制造业在支出中的较大的份额这三者的某种结合。由此可见,在克鲁格曼的区位理论中,认为创新资源向一定区位集聚既是自然技术原因,也是人口和生产等社会原因的结果,是多重区位均衡的结果。最近研究表明,非经济因素对创新资源集聚产生的作用越来越大,尤其是文化、政策、政治等对创新资源集聚所起的作用更加明显。

2) 关于外源性投入的研究

Buenos Aires 大学的研究结果表明,区域信息获取与资源利用之间存在着正相关关系,即获得的信息越多,越容易获得相应的资源。但外源性投入在不同时期所占的比例有很大不同。20 世纪 90 年代中期以前,在欧美企业中内源性创新投入被认为是最重要的创新投入。Faulkner 针对北美企业所做的一项研究表明,在 1989—1992 年间,内源性创新投入占 60%。进入 20 世纪 90 年代之后,技术的发展呈现出不同的发展趋势,外源性创新投入在创新投入中所占的比重不断提高。如何优化区位优势、吸引更多的创新资源成为各区域提升创新能力中需要迫切解决的问题。

通过以上分析可知,随着区位理论的不断发展,区域创新资源向一定区位集聚的趋势越来越明显,其中自然原因对创新资源集聚所起的作用越来越小,社会技术因素对创新资源集聚所起的作用越来越大。

2.3.2　区位技术外部性研究

创新理论创立以来,国内外关于技术创新外部性的研究已经很多。但针对区位技术外部性的研究却很少,区位技术外部性研究是区位研究中的一个薄弱环节,有必要对其进行深入研究。外部性(externalities)是指一个经济单位的活动会产生对其他经济单位的有利的或者有害的影响,而不能从这种影响中获得收益,或为此付出代价。目前关于区位技术外部性的研究主要集中在技术扩散性的研究和技术吸收性的研究两个方面。下面分别对这两方面的研究进行总结。

1) 区位技术扩散性研究

(1) 关于技术扩散原因的研究　程必定(1995)认为,从区域间互补角度看,区域传递有三种类型:一是资源互补式区域传递;二是产品互补式区域传递;三是产业互补式区域传递。这三种区域传递方式也是不同区位之间技术扩散的主要方式。技术外部性内部化主要发生在相对落后的区域,这类区域因缺乏技术创新资源而技术创新能力较差,但它与技术先进区域在创新能力方面所形成的位势差,容易引致外部区域创新资源的进入,从而激发区域技术内部性的变化。技术内部性外部化主要发生在技术相对发达的区域,这类区域内部性先进,但区域空间有限,从而限制了内部性因素作用功能的进一步释放和区域技术创新的进一步发展,而它与技术不发达区域之间所形成的位势差,容易引致某些内部性因素的溢出,这些因素在更大的区域空间发挥作用,不仅带动了外部区域技术创新的发展,而且开拓了本区域技术创新发展的空间。

(2)关于技术扩散形式的研究 理查德·列文(Rechard C. Levin)通过对 130 个产业中的 650 个 R&D 部门的调查表明,各种技术溢出中,在竞争者获得所需知识的学习方法中,最有效的渠道是技术许可、产品的反求工程及独立的 R&D。这就是区位之间技术扩散的主要形式。

(3)关于技术扩散中第三方介入的研究 夏若江(2007)通过研究认为,在市场失灵情况下,不同区位之间的技术外部性不须第三方的介入。就宏观层面而言,政府是进行宏观引导和协调的主体,通过税收、补贴、奖励、政府购买和行业规制等手段可以起到缓解系统创新中市场失灵的作用。就中观层面而言,行业协会是中观层面介入的主体,通过一定的奖励制度和学术活动可以起到协调不同创新主体之间的关系。就微观层面而言,企业可以设立一定的组织机构和激励制度进行协调和引导。第三方的介入是区域技术扩散的助推剂,不同区位之间的技术扩散离不开第三方的介入和作用。

2) 区位技术吸收性研究

郑展等(2007)认为,影响区域知识吸收能力的外部因素包括

FDI(对外直接投资)数额、进出口商品数量、知识缺口、技术距离、科技人力资源流动、普通人力资源流动、开放政策、知识产权政策、高新企业政策;影响区域知识吸收能力的内部因素包括科技人员数量比例、人口受教育程度、ICT(信息、通信和技术)指标、R&D水平、专利、文章著作、高新区企业数量及发展水平、高等教育环境。

通过对国内外技术扩散、技术吸收及创新资源集聚研究的总结可知,随着经济全球化、知识全球化和信息全球化的发展,人们在对区域技术创新进行研究时,越来越关注非自然因素对区位形成所起的作用,而对自然因素对区位形成所起的作用关注越来越少。但事实证明,任何区位的形成都是各种自然因素和非自然因素综合作用的结果。因此,全面分析区位形成因素,对研究区位的形成、提升区域创新能力具有非常重要的理论价值和现实价值。

2.4　区位因素对技术创新的约束研究的不足之处

目前,国内外对区域技术创新的区位约束的研究,重视具体高新技术企业区位的研究,轻视区域技术创新的区位约束的研究;重视区位内源的研究,轻视区位通道和区位场的研究;重视器物层区位内源的研究,轻视制度层区位内源和文化层区位内源的研究。约束区域技术创新的区位由内源、通道和区位场形成一个完整的自组织系统,只有从区位内源、通道和区位场同时研究区域技术创新的区位约束,才能科学揭示区域技术创新的区位约束规律,才能通过优化区位吸引创新资源,进而促进区域技术创新,不断提升区域创新能力。

[本章小结]

本章分别对现有的经典区位理论进行了梳理与评析,并分别就国内外专家学者对构成区位的内源、通道、区位场方面的研究作了归纳与论述。虽然他们研究区位问题侧重的角度和所处时代不同，但对区位问题的研究都是围绕着区位的内源、通道、区位场展开的。本文研究所构建的区域技术的区位约束理论，以这些现有区位理论为基础，将区域技术创新与区位问题相结合，采用定量分析的方法，将进一步拓展对区位的研究思路与方法。

3　区域技术创新的形成过程

　　区域技术创新是区域创新主体在创新投入的支持下,创造出新的技术知识,根据新的技术知识创造出新的产品或服务,并实现商业化的过程。区域技术创新是区域市场创新与商务关系创新、技术创新、产品创新的集成。在信息技术高度发达的今天,区域技术创新主体通过相互作用,形成错综复杂的创新网络。区域技术创新发生在各种思想的交界处,而不是某一种知识和技能基础的局限内。区域技术创新过程可以分为较宽并互有重叠的子过程(而不是阶段):技术知识的产生;技术知识转化为"制品"(artifacts)——包括产品系统、工艺和服务;最后制品与市场需求不断地相匹配。由于新需求的发现经常是区域技术创新的开端,本研究认为,区域技术创新过程由开发网络、研究网络和生产网络三个子过程网络构成。其中,开发网络是以横向价值链为基础,发现新的顾客需求,加速区域技术创新的局域价值网络;研究网络是以技术知识的投资、创造、应用为纽带所形成的局域价值网络;生产网络是以纵向价值链为基础,以参与者之间的商品交易关系为纽带形成的局域价值网络。本章通过剖析区域技术创新的三个子过程网络介绍区域技术创新的过程。研究区域技术创新的过程,是为了清楚区域技术创新是怎样形成的,才能进一步明晰区位是如何对区域技术创新产生约束的。

3.1　区域技术创新的开发网络

　　开发网络是一个水平的网络结构,它能够用来连接区域集群中的公司,即使它们没有生产性合作。开发网络中的参与者可以是竞争者。在开发网络中,参与者信息共享,这些信息能够使得所有的参与者受益。开发网络中参与者之间的流本质上是无形的,这种流可能是有关生产方法、客户或者参与者个人诀窍的信息。开发网络是唯一一个参与者之间没有实物流的网络。通过向其他人学习成功经验,公司能够获得更高的效率。在区域背景中,聚焦于开发的网络能够使参与者在营销和风险资本获取方面做得更好。开发网络的本质特征是它的知识共享。

区域开发网络的实质是通过商务关系创新加速区域技术创新的速度。根据企业竞争战略理论,企业在产业中的商务关系主要包括与供应商之间的关系、与同行竞争企业之间的关系、与顾客之间的关系、与替代品企业之间的关系、与潜在进入企业之间的关系、与互补创新主体之间的关系、与政府之间的关系等。企业实现商务关系创新,就是与其他有关创新主体通过结成技术联盟,联合致力于技术创新,为适应技术快速发展和市场竞争需要而优势互补或加强。

协同学认为,一个系统从无序向有序转变的关键在于组成该系统的各子系统在一定条件下,通过非线性的相互作用能否产生相干效应和协同作用,并通过这种作用产生出结构和功能上的有序。这种协同运动意味着系统的新的有序态的出现,在宏观上表现出系统的自组织现象。企业与其他创新主体结成的技术联盟就属于协同现象。随着区域技术创新的发展,技术联盟和区域创新体系形成融生趋势,融生要素使企业优势互补、资源共享、风险共担,最大限度地提升创新效果;融生模式能够降低交易成本,有助于增加组织内部的信任,建立起良好的创新文化氛围;融生效应能够促进知识和技术的创新和扩散,加速技术水平的提升,从而形成核心竞争能力。所以,通过商务关系创新建立技术联盟可以加速区域技术创新的速度。

在区域技术创新过程中,开发网络中创新主体的创新行为主要表现为互补性商务关系创新、竞争性商务关系创新和市场创新,下面分别对这三种创新进行具体分析。[①]

3.1.1　互补性商务关系创新

互补性商务关系创新主要是指互补性联盟关系创新。互补性联盟是指合作成员处于不同行业,它们向市场提供的产品或服务属于区域技术创新过程中的互补性资源的联盟。区域技术创新中的互补性联盟包括产学联盟、产研联盟、产学研联盟、官产学联盟、产产联盟等,即区域互补性创新主体之间的接口组织包括双边接口组织和三边接口组织两种形式。互补性创新主体之所以在区域技术创新中要结成联盟,主要是基于分工的不同,它们在区域技术创新过程中处于不同的创新岗位,承担着不同的技术创新功能。大学、科研机构和具有 R&D 能力的大型企业,处于区域技术创新的上游,具有知识创新功能,是区域新技术知识的创造者。制造企业处于区域技术创新的下游,具有产品创新功能,是区域新产品或新服务的创造者。技术中介组织和各种创新联盟组织处于大学、科研机构、具有研发能力的大型企业与制造企业中间,具有加速区域技术创新的功能,是新市场和新商务关系的创造者。

Nonake 和 Takeuzhi(1995)认为,知识创造形成持续的价值创造和革新的基础,企业创造竞争力的核心是知识。接口组织的出现对区域创新机制的最基本积极影响体现在三方面:第一,接口组织促进了技术知识成果从大学研究螺旋向政府螺旋和产业螺旋的扩散;第二,接口组织加强了三个螺旋之间的互动与反馈;第三,接口组织在根本上降低了创新实践中技术转移或知识转化的时间成本和交易成本。区域技术创新中的互补性联盟具有单个创新主体不具备的知识优势、能力优势和组织优势。区域创新主体加入联盟,从知识依赖性讲,是为了向其他联盟成员获取知识;从根本上讲,都

---

① 鲁铭,陈玉川. 物联网价值网络的结构研究[J]. 经济纵横,2011(3) :113.

是为了从联盟中获取联盟优势,分享联盟的优势剩余。由于互补性联盟本身拥有合作方需要的互补性创新资源,所以,加入联盟的创新主体既能直接从合作方获取自己需要的创新资源,又能同时获取联盟知识和联盟优势。

结盟条件是决定互补性联盟关系创新的重要因素。Das 和 Teng(2002)认为,联盟依赖和联盟冲突是构成联盟关系稳定性的两个主要维度,它们影响着联盟成员能否长期顺利地获取联盟关键知识资源,开展创新活动。资源依赖理论认为,联盟依赖是指联盟某一成员掌握的关键性资源造成了其他成员对它的依赖,而其他成员对它的依赖性越强,它在联盟合作活动中便拥有越高的议价能力。Parkhe(1993)和 Dyer(1997,1996)认为,在战略联盟中联盟依赖关系常常是不对等的,成员间的不对等依赖程度使得联盟成员间的忠诚度、相互容忍和互惠的合作环境受到影响。不对等的依赖关系可能使得联盟成员间出现不信任而导致机会主义行为和侵占风险的发生。所以,明确结盟条件是互补性联盟成员加入联盟并从联盟获取联盟优势的重要前提。

技术知识势差是互补性联盟成员间知识进行转移的根本原因,也是区域创新主体加入互补性联盟的重要门槛条件。沈灏、李垣(2010)认为,联盟成员一方对另一方的依赖程度越高,被依赖方所掌握的稀缺关键资源对依赖方的价值也越高,依赖方可以更可能或更多地从联盟中获取这种资源,提高自身能力。但是,当联盟一方对另一方成员的依赖性过高时,很可能导致了被依赖方拥有对联盟事务更高的议价能力,从而对依赖方产生威胁甚至提出不合理的交换和要求,迫使依赖方无法从被依赖方继续获取所需的关键资源,那么这就阻碍了依赖方创新活动的开展,影响了其创新绩效的提升,这正如 Miles G.等人提出的联盟依赖倒 U 型影响依赖方企业的创新绩效。区域创新主体进行商务关系创新,从互补性联盟中获取联盟优势的唯一途径是通过组织学习不断提高自身的技术知识存量和技术创新能力。

　　根据协同学理论,互补性技术联盟属于社会协同组织,企业群和创新群之间的涨落不足以自发形成稳定的产学研联盟组织。因为"社会协同"与"自然协同"的根本区别在于:"社会协同"是一个"目的性极强的主体行为",即在适当的边界条件下,自然界可以从混沌中自发形成有序结构,而在人类社会中有序性结构的形成,必须通过人类"有目的、有计划的社会实践来进行构建"。实践证明,在产业、学术界和政府相互交叉的重叠地区,创新效率最高。因此,将政府引入互补性技术联盟能够更好地促进区域技术创新的进行。首先,在宏观方面,政府能够通过实施优惠政策、完善法律制度、增加资助和建立相关机构,引导产学研联盟的良性发展,为合作创新创造良好的环境条件。其次,从微观方面,政府可以直接介入产学研联盟系统中,通过直接干预、建议和评价等手段减少合作中的机会主义行为,减少合作创新的交易成本,提高合作的效率。即政府可以以"保姆"和产学研联盟主体两种身份对互补性技术联盟产生作用,如图 3.1 所示。

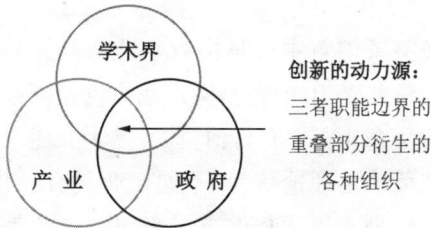

图 3.1　互补性技术联盟

　　在产业技术创新的不同阶段,在不同的互补性技术联盟中,政府在互补性技术联盟中的地位和作用有不同表现,产业、学术界和政府重叠的面积也不同。在新兴产业发展初期,三边接口组织在政府中所占的面积相对较大,随着新兴产业技术的逐渐成熟,三边接口组织在政府中所占的面积逐渐减少,直至政府最终由产学研联盟的主体转变为保姆。在政府作为盟主的产学研联盟中,产学研各方以政府意志为核心形成共同利益,进而形成以政府为纽带,并受政府行为控制的产学研联盟关系。政府作为盟主的产学研联盟主要适用于具有国家战略意义的大型科研开发项目。在以科研机构为盟主的产学研联盟中,大学和科研机构推动政府和企业参与 R&D 活动,大学和科研机构对科技成果持有主导权,政府和企业根据其对 R&D 活动的投资情况,通过合同等协议的方式参与成果的分配和使用,这种联盟模式主要适用于资金有限、技术力量弱小的中小企业与学研的联合开发,政府则在 R&D 的早期阶段,通过政府基金的方式对 R&D 机构的项目给予资金支持。在以企业为盟主的产学研联盟中,资金实力、科研能力较强的企业担任盟主,牵引政府和大学、科研机构共同参与。以企业为盟主的产学研联盟具有很强的生命力,使得整个联盟的技术开发及创新的针对性更强。以企业为盟主的产学研联盟是以企业为主体、产学研结合的国家创新体系和区域创新体系建设的最终归宿点,它主要适用于大量民间 R&D 项目。

3.1.2 竞争性商务关系创新

竞争性商务关系创新主要是指竞争性联盟关系创新。竞争性联盟是指合作成员处于相同行业,向市场提供相同或相似产品或服务的联盟。从竞争企业获取有价值资源,是企业建立竞争性联盟的根本原因。资源稀缺性理论认为,不同企业具有各自的资源禀赋,企业资源的异质性是竞争优势的重要来源。企业要想拥有技术创新的所有资源是不可能的。当企业无法通过市场和内部化获得发展所需资源时,就需要与其他企业建立战略联盟来分享或交换这些资源。当新兴产业出现时,同行竞争企业面临共同的市场和相似的创新资源,要想快速攻克关键技术难题,取得同行先发创新优势,竞争企业更有必要联合起来,结成竞争性技术联盟。同时,同行竞争企业由于面临相似的竞争环境,战略目标相容度往往较高。与同行竞争企业结成战略同盟是企业突破知识屏障和资源屏障进行技术创新的重要路径。

企业通常是寻找那些它们所缺少资源的企业来建立联盟的。资源互补度形成联盟伙伴的相互依赖关系并促进了联盟的形成和发展,提高了联盟的合作效率。资源赋予的互补度是形成关系性契约或长期联盟关系的重要衡量标准。如果同行竞争企业能够相互提供互补性的资源,具有较高的资源互补度,它们不但能够结成竞争性技术联盟,而且所结成联盟的稳定性也往往较高。相反,如果同行竞争企业没有互补性的创新资源,它们之间的资源互补度较低,它们之间的商务关系则主要表现为竞争关系。所以,竞争性技术联盟的稳定性与资源互补度是呈正相关的,如图 3.2 所示。

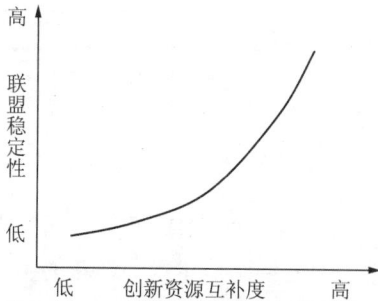

图 3.2 竞争性技术联盟稳定性与资源互补度的关系

同行竞争企业具有共同的资源、共同的市场、共同的技术,上述要素是决定企业利润来源的关键。资源的稀缺性、市场的有限性、技术的专有性决定了竞争性技术联盟的演变规律不同于互补性技术联盟。竞争性技术联盟的稳定性与互补性技术联盟不同,竞争性技术联盟的发展阶段与互补性技术联盟也不同。根据知识的应用程度可以将竞争性技术联盟分为探索性竞争联盟和应用性竞争联盟。从事 R&D 活动从而导致技术创新的联盟是探索性竞争联盟;而将现有技术商业化的联盟是应用性竞争联盟。企业外部环境和内部资源会影响企业竞争性技术联盟的战略选择。在技术环境不确定性高且内部资源匮乏时,企业会选择建立探索性竞争联盟;如果内部资源充足时,企业则会选择应用性竞争联盟。技术环境不确定性低时,企业发展技术的动机不强,所以在内部资源匮乏时,企业会建立应用性联盟,以扩大市场影响力;而内部资源充足时,企业会依赖自身的力量发展,如图 3.3 所示。

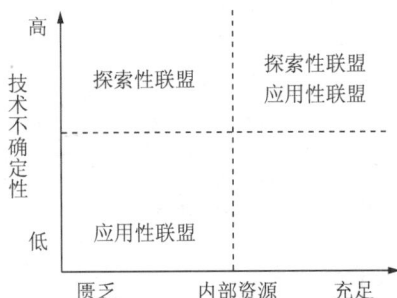

图 3.3　企业竞争性联盟的战略选择

3.1.3　市场创新

迈克尔·约瑟夫·熊彼特 1912 年在对创新进行定义时,就提到过市场创新。他认为创新就是建立一种新的生产函数,即把一种从来没有过的生产要素的"新组合"引入生产体系。熊彼特的创新包括五种情况,其中市场创新是发现新的顾客需求,开辟一个新的市场,也就是有关国家的某些制造部门以前不曾进入的市场,不管这个市场以前是否存在过。市场有广义市场和狭义市场之分。广义市场是指商品市场、人力资源市场和资本市场,狭义市场仅指商品市场。本研究市场创新中的市场是指广义的市场。

市场创新模式包括渐进式市场创新和破坏式市场创新。渐进式市场创新是企业不打破原有行业界限,对现有产品的性能进行改良,或者开发新产品,或者基于现有产品概念开发新的消费者群。渐进式市场创新主要是指对新顾客的开发。企业开发新顾客的途径有两条:一是寻求企业目标市场中的"非顾客";二是开发企业所忽略的利基市场。破坏式市场创新是企业打破原有行业界限,技术范式或业务模式发生根本变化,企业在新的行业领域开发出能为顾客提供更多顾客价值的新产品,即顾客产品全新开发模式。渐进式市场创新是对顾客原需求的延伸发现;破坏式市场创新是对顾客新需求的首次发现。

关于市场创新,国内外学者 Amit. R. and Schoemaker P. (1993)、Baker W, and Sinkula(1999)、Blankson C. and Cheng J. (2005)、Hou J.(2008)、叶思荣(1997)、黄恒学(1998)、匡远配与周凌(2007)等已进行过不少研究,但上述研究大多从企业角度出发对市场创新环节进行研究。本研究从区域角度出发,以市场创新为起点,将市场创新放在区域技术创新过程中,放在区域创新网络中进行研究,分别对渐进式市场创新和破坏式市场创新两种模式进行分析,揭示市场创新对区域技术创新拉动的规律。

1) 渐进式市场创新

无论是渐进式市场创新,还是破坏式市场创新,企业市场创新的实质是企业与顾客之间的关系创新。企业采取什么市场创新模式,在很大程度上取决于企业的技术创新战略。实施市场导向技术创新战略的企业,其产品创新和技术创新为被动响应顾客的消费需求信息而发生。企业主要关注的是在现有知识和经验的基础上,对当前顾客及他们的显性需求进行更深层次的了解,如图 3.4 所示。下面分别对企业渐进式市场创新的动机、路径和目标进行分析。

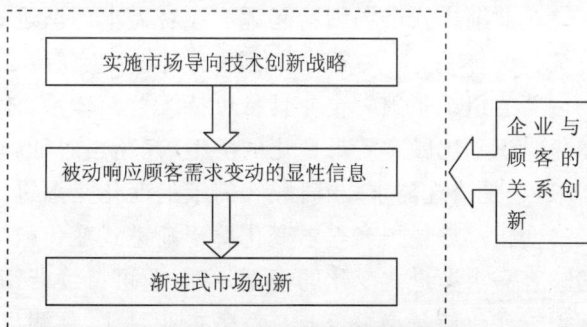

图 3.4　企业渐进式市场创新示意图

（1）渐进式市场创新的动机　顾客的消费需求是企业赖以生存和发展的基本条件之一。在市场早已由卖方市场转变为买方市场的今天，市场选择的基本原则是消费者选择生产者，而不是卖方市场时代的生产者选择消费者。对于管理工商企业的认知实质上由需求以及由给定的生产资料和方法为它们所规定了的事情，而做什么则是由需求给它规定的。它没有什么具体的目标，但给定的环境迫使它去按照一定的方式行动。对于这种趋势，它一步一步地屈从。由此可见，企业市场创新的根本原因是为了适应顾客的消费需求，并通过创新实现创新利润。从生物学角度说，适应是生物体调整自己以适应环境的过程。生物体结构的变化是经验引导的结果，因此，随着时间的推移，生物体将会更好地利用环境达到自己的目的。任何主体在世上所作的努力都是要去适应别的适应性主体，这个特征是复杂适应系统动态模式的主要根源。在企业复杂适应系统中，企业与顾客是最关键的两个适应性主体，企业能否根据顾客需求的变化适时调整自己，将直接决定企业的生存和发展。实践证明，顾客需求的变化通常是渐进性的，所以，企业渐进式市场创新的动机是通过渐进式满足顾客需求来实现盈利目标。

（2）渐进式市场创新的路径　市场创新的本质是发现消费者的新需求。企业渐进式市场创新起源于顾客需求的渐进式变化。建立可持续营销体系，对顾客需求信息适时做出响应，是企业渐进式市场创新的组织基础。企业具备可持续营销体系，才能在顾客需求变化时识别出顾客需求变化的类型，判断当时的顾客需求是现实需求，还是潜在需求；当时顾客需求的变化是渐进式变化，还是突破式变化。如果顾客需求变化属于渐进式变化，在此基础上刻画出顾客需求渐进式变化的模型，将企业可持续营销体系发现的顾客需求变化信息与本企业及竞争企业对比，预测出顾客需求渐进式变化的方向，从而进一步做出渐进式市场创新决策，如图 3.5 所示。

```
┌─────────────────────────────┐
│        建立可持续营销体系        │
└─────────────────────────────┘
              │
              ▼
┌─────────────────────────────┐
│        识别顾客需求变化类型        │
└─────────────────────────────┘
        │              │
        ▼              ▼
┌───────────────┐  ┌───────────────┐
│  顾客需求渐进式变化  │  │  顾客需求突破式变化  │
└───────────────┘  └───────────────┘
        │              │
        ▼              ▼
┌───────────────┐  ┌───────────────┐
│ 刻画顾客渐进式需求变化模型 │  │ 刻画顾客突破式需求变化模型 │
└───────────────┘  └───────────────┘
        │              │
        ▼              ▼
┌───────────────┐  ┌───────────────┐
│  与本企业及竞争企业对比 │  │  与本企业及竞争企业对比 │
└───────────────┘  └───────────────┘
        │              │
        ▼              ▼
┌───────────────┐  ┌───────────────┐
│ 预测顾客需求渐进式变化方向 │  │ 预测顾客需求突破式变化方向 │
└───────────────┘  └───────────────┘
        │              │
        ▼              ▼
┌───────────────┐  ┌───────────────┐
│  渐进式市场创新决策  │  │  突破式市场创新决策  │
└───────────────┘  └───────────────┘
```

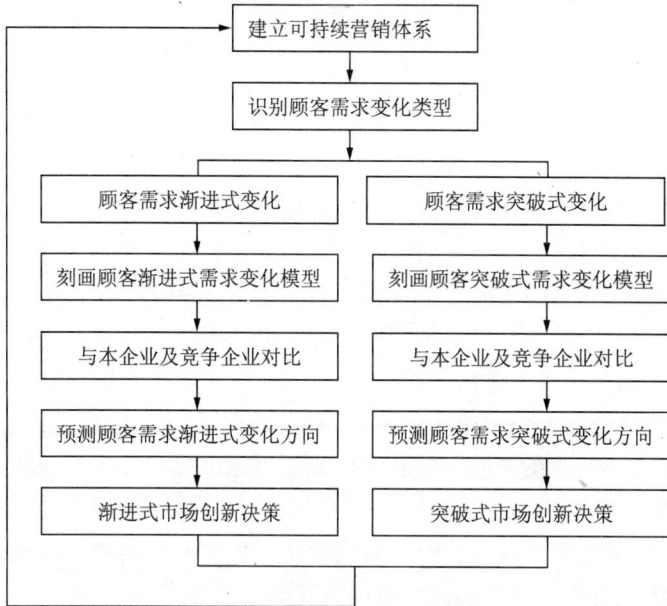

图 3.5　企业市场创新的路径

（3）渐进式市场创新的目标　企业的三个主要利益群体——顾客（customer）、员工（people）、股东（stakeholder）都是公司需要关注的"顾客"——外部顾客、内部顾客和投资顾客。企业市场创新过程在本质上就是企业的价值创造过程。企业不仅要给顾客创造价值，还要为企业的员工和股东创造价值，这样才能形成价值创造的良性循环。企业进行渐进式市场创新，是企业创新体系和营销体系响应顾客需求渐进式变化的结果。其根本目的是在商品市场上为顾客创造价值，在人力资源市场上为员工创造价值，在资本市场上为投资者创造价值。渐进式市场创新是企业基于成本收益原则渐进式为顾客创造价值的一种手段。

2）破坏式市场创新

实施技术导向型技术创新战略的企业，产品创新和市场创新均由技术创新推动。企业倾向于对顾客进行充分调查研究，满足潜在顾客未明确阐述的需求以挖掘新的市场机会。这是一种机会寻找、前瞻性的观点,它是企业在超越以往经验的基础上,探索新的、多样化信息和知识的主动探索性学习行为。

(1)破坏式市场创新的动机　受自然、经济、社会、政治法律、文化环境等影响,顾客需求的变化不可能总是渐进式的。实施技术导向技术创新战略的企业,当突破式技术创新和突破式产品创新出现时,顾客需求会发生突破式变化。这时,企业只有主动搜寻顾客需求变化的信息,才能保证市场创新与技术创新、产品创新的同步进行,才能保证企业技术创新的技术产出、产品产出和市场产出的同时实现。如果企业在突破式技术创新和突破式产品创新发生时不能适时进行破坏式市场创新,必将贻误时机,影响企业技术创新商业化的实现,丧失最佳的获取创新技术和创新产品的盈利时机。企业实施破坏式市场创新是基于突破式技术创新和突破式产品创新,为准备应对顾客需求的突破式变化而采取的市场创新战略。企业破坏式市场创新的动机是通过突变满足顾客需求,实现新的利润增长点,如图3.6所示。

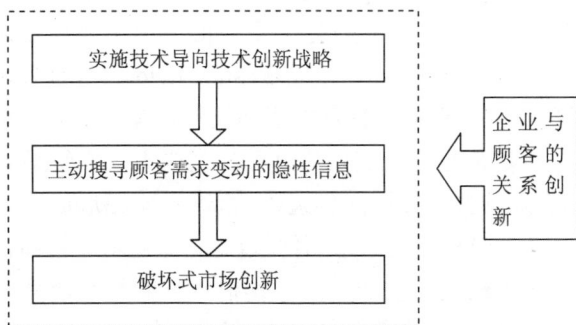

图3.6　企业破坏式市场创新示意图

(2)破坏式市场创新的路径　企业破坏式市场创新起源于顾客需求的突破式变化。企业根据可持续市场营销体系对顾客需求变化类型的识别,当顾客需求可能发生突破式变化时,应及时刻画出顾客需求突破式变化的模型;将顾客需求可能发生的突破性变化与本企业及竞争企业进行对比,对顾客需求可能发生的突破式变化作出预测,及时作出破坏式市场创新决策。与渐进式市场创新不同的是,企业对顾客需求突破式变化搜寻的方向是由企业内部指向市场的,而在渐进式市场创新中,企业对顾客需求渐进变化信息的搜寻是由市场指向企业的。同时,在渐进式市场创新中,顾客需求渐进变化的信息缓慢地由市场传到企业,企业技术创新和产品创新经常被动地响应市场的变化,企业技术人员经常处于被动地位。在破坏式市场创新中,企业技术创新和产品创新通常早于顾客需求的反应,企业技术人员经常处于主动地位,其作用对企业破坏式市场创新成功与否影响巨大。

（3）破坏式市场创新的目标　企业进行破坏式市场创新,是企业创新体系和营销体系适应顾客需求突破式变化的结果。其根本目的同样是为顾客创造价值,在商品市场上为买主创造价值,在人力资源市场上为员工创造价值,在资本市场上为投资者创造价值。破坏式市场创新是企业基于成本收益原则,适应顾客需求的突破式变化,为顾客创造价值的一种手段。

3）区域市场创新

区域市场创新是区域内企业市场创新的集成。区域市场创新的主体是企业,企业市场创新的主体是企业家。企业家创新能力是区域市场创新成功与否的关键决定因素。所谓企业家创新能力,其核心包括两点:一是发现新需求的能力;二是组合技术、资本、劳动等生产要素,生产出新的产品或新的服务,满足新需求的能力。市场创新是区域技术创新成果实现商业化的关键环节,是区域技术创新开发网络的重要组成部分。企业家是区域市场创新与技术创新、产品创新的中间变量,一个区域企业家的数量和质量对其市场创新影响巨大。

在区域开发网络中,区域创新主体除可以进行互补商务关系创新、竞争商务关系创新和市场创新外,还可通过创新与创新驿站、科技创新服务中心、生产力促进中心、高新技术企业孵化器、科技情报所、科技开发中心、科技产业服务中心和科技资讯中心、研究会及大专院校所属研发中心等之间的关系促进区域技术创新的发展。

3.1.4 区域开发网络加速技术创新的路径

企业通过互补性商务关系创新、竞争性商务关系创新和市场创新,与生产经营相关或创新需求趋同的若干企业、科研院所或大学、资源或资本类公司结成技术联盟,促进了区域技术创新。企业内外部的社会资本作为组织的一种重要的关系资源,其产生、积累和发展会有利于知识的创造,推动企业提升创新能力,创造竞争优势,进而促进区域技术创新。即区域开发网络中的互补性商务关系创新、竞争性商务关系创新和市场创新是通过知识创新和企业技术创新促进区域技术创新的,知识创新和企业技术创新是区域创新主体互补性商务关系创新、竞争性商务关系创新和市场创新促进区域技术创新的中介变量,如图 3.7 所示。

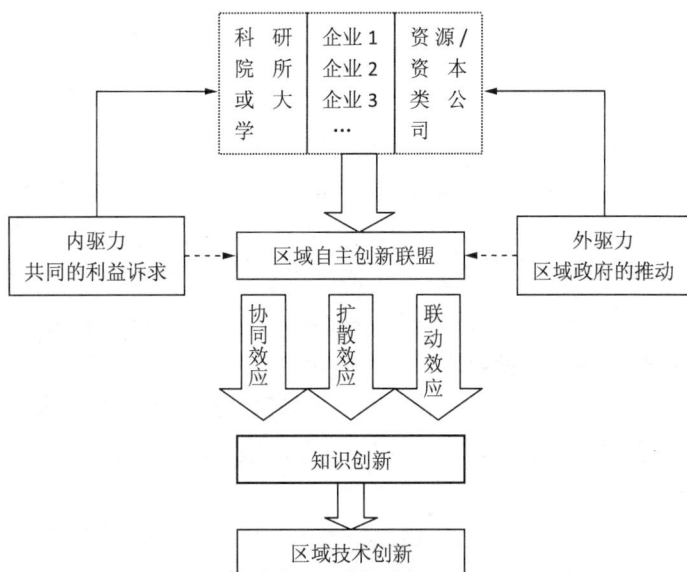

图 3.7　开发网络促进区域技术创新的路径

交换和整合是知识创新过程中的两个关键环节。在知识创新过程中,区域自主创新联盟形成的驱动力量由内驱力和外驱力组成。内驱力是由联盟伙伴共同利益诉求而带来的,是企业为了寻求自主创新的突破、实现自主创新的价值或者希冀通过资源或资本在自主创新方面投资更好地实现其价值增值,而主动寻求联盟合作创新的行为,这与联盟企业追求自身利益的诉求是紧密联系在一起的。外驱力是由联盟企业所在的区域政府或相关部门为了推动区域可持续发展和增强区域自主创新能力,而积极引导区域联盟合作创新、推动联盟合作创新组织建立和确保联盟有序发展的行为。内驱力是区域创新主体互补性商务关系创新、竞争性商务关系创新和市场创新的核心动力;外驱力是区域创新主体进行互补性商务关系创新、竞争性商务关系创新和市场创新的辅助动力。两种力量只有通过知识创新和企业技术创新才能促进区域技术创新。

3.2　区域技术创新的研究网络

研究网络是区域技术知识创新的网络。知识创新是研究网络中区域创新主体技术创新活动的目标,区域创新主体在研究网络中的相互关系和交易都是围绕知识价值链形成的。

知识创新概念最早由戴布拉·艾米顿在 1993 年提出,他认为,知识创新是指为了企业的成功、国家经济的发展和社会进步,创造、演化、分配和应用新思想,使其转变为市场化的商品和服务的过程。其中,区域创新主体在研究网络中的主要任务是创造新的知识。本研究中的知识创新主要指创造新的知识。在知识创新过程中,个人、团体与组织通过内部或之间知识形式的不断转化,产生新的知识。

国内外对知识创新的研究主要是从对知识创新起源的探讨开始的,并逐步扩展到关注知识创新过程,同时也越来越强调知识创新过程中信息技术工具和组织管理的作用,即对如何进行知识创新研究经历了一个从实体到过程、从静态到动态的历程,其研究范围也由知识本身拓展到与知识创新相关的信息技术工具和组织管理的研究。但很少发现在研究网络中对知识创新进行深入研究。

Polanyi(1966)根据知识的可表述程度,将知识分为显性知识和隐性知识。Nonaka认为,显性知识可以用语言和数字进行表达,能脱离原有的情景,借助数据、科学公式、规范、手册等形式加以交流和共享。这种知识可以通过系统、正规的方式在人们之间进行传播,它存放在各种文献中。而隐性知识的提出主要是基于其难以交流的特征,它产生于具体的实践活动中,以经验知识为主要组成部分,是高度个性化和难以格式化的知识,具有不可言说性,与人们的直觉、灵感、技能、洞察力、经历、行动、理想、价值、情感密切相关,存在于人们的潜意识中,只有通过体验和行动才能获得,通过互动的对话、故事以及共同的经历才能交换和共享,具有独占性和排他性。Nonaka和Takeuchi(1995)首次提出了知识创新过程的SECI模型。与知识分类相对应,知识创新可分为显性知识创新和隐性知识创新。下面通过分析显性知识创新和隐性知识创新过程,介绍区域研究网络中技术知识创新的规律。

3.2.1 显性知识创新

显性知识创新是指知识创新主体通过显性知识组合化和隐性知识外部化创造新的显性知识的过程。显性知识组合化和隐性知识外部化是显性知识创新的两条重要途径。明确显性知识组合化与隐性知识外部化的动力机制、发展阶段和空间组织形态演变规律是把握显性知识创新的关键。

1) 显性知识组合化

显性知识组合化是通过从显性知识到显性知识的转化过程创造新知识。组合是将概念系统化为一个知识系统的过程,个人通过文档、会议、电话对话或计算机通信网络的形式交流和组合知识;组织通过知识产权交易、组织学习等形式组合知识。知识创新主体通过选择、添加、组合和分类来重构显性知识,可以产生新的知识。

显性知识组合化是集成创新的重要途径。集成创新是指以系统理论方法为指导,利用各种信息技术、管理技术、工具创造性地将不同创新主体的知识、技术、市场、管理、文化以及制度等各种创新要素、创新内容进行综合选择和优化集成,相互之间以最合理的结构方式组合在一起,为实现创新目的而形成功能倍增性和适应进化性的有机整体的实践过程。集成创新是自主创新的重要形式之一。自从 20 世纪 70 年代 R.Nelson 和 S.Winter 在生物进化论的启示和借鉴下创造创新进化论以来,技术创新和制度创新的融合研究发展很快,创新管理的集成化研究趋势明显增强。集成创新主体从其他创新主体集成的知识主要是各种显性知识。明确显性知识组合化的动力、途径、空间约束对研究区域创新主体的集成创新具有重要意义。

(1) 显性知识组合化的动力　企业是区域集成创新的主要主体,企业将其他创新主体拥有的显性知识创造性地集成起来,创造出新产品、新工艺、新服务或新的生产模式。企业显性知识组合的外部动力主要有制度力量、产业力量;企业显性知识组合的内部动力主要有企业知识存量、企业战略方向、企业管理理念、企业创新能力等。

市场需求是企业显性知识组合化的第一动力。集成创新要解决的中心问题不是技术供给本身,而是多样及复杂的技术资源与实际应用之间的脱节。它要求企业从市场需求出发,把握技术的需求环节,创造出符合市场需求的产品,与丰富的技术资源供给之间形成匹配。企业在已有技术与产品的基础上,通过对特定目标的各要素和各层面的系统集成,集成创新在较短时间内形成产品并占领市场,特别是用于复杂产品创新。技术进步的加速使产品生命周期迅速缩短,单一技术难以给企业带来长期竞争优势,它们的有机结合和协同作用才能促进企业长期持续发展。要增强企业竞争力,必须利用集成创新创建和吸收新知识。

　　企业战略是企业显性知识组合化的第二动力。企业在一定时期有特定的战略发展目标,企业组合资源、集成知识都是基于自己的战略发展目标。企业以战略为核心从其他创新主体那里集成知识,才能沿着既定的发展方向形成竞争合力,创造出具有差异化的产品、工艺或服务。

　　企业创新能力约束是企业显性知识组合化的第三动力。在企业自主创新的三种形式中,原始性创新偏重于基础研究和重大技术开发,对创新者的知识基础和创新能力要求标准较高,大型、特大型企业多从事原始性创新,多数企业受资源禀赋和创新能力限制,很难直接从事原始性创新。从事集成创新,通过从其他创新主体那里创造性地集成新技术、新知识创造出新的产品或服务是一条切实可行的自主创新之路。

　　(2)显性知识组合化的途径　从图3.8可以看出,企业对显性知识进行组合,实现集成创新,已经超越了单纯的技术创新范畴。企业进行显性知识组合化的途径主要有科研院所或大学、其他企业、区域组织创新联盟、政府等。

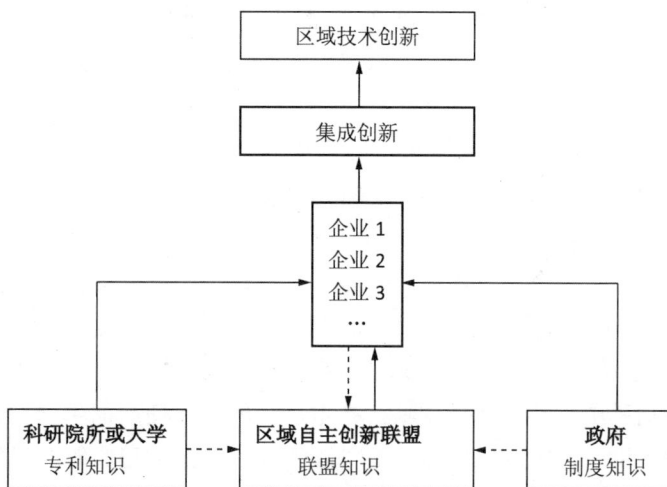

图3.8　显性知识组合化的途径

科研院所或大学是许多技术创新的发源地。企业从科研院所或大学集成知识，主要是获取它们的原创性技术知识，如专利等。除此之外，根据企业技术发展需求，及时将技术创新过程中发现的技术问题反馈给科研院所或大学，并从它们那里获取技术问题解决方案，是企业从科研院所或大学组合显性知识的重要途径。

企业从其他企业组合显性知识既包括从互补性企业组合显性知识，也包括从竞争性企业组合显性知识。企业从互补性企业组合的显性知识主要是各种互补性知识，如与企业配套产品相关的各种知识。企业从竞争性企业组合的显性知识主要是符合企业发展战略，本企业缺乏、其他企业具备的异质性技术知识。企业要从同行竞争企业组合异质性技术知识，自身必须具备竞争企业需要、本企业具备而竞争企业不具备的异质性资源，这种知识组合方式实质上是一种知识交易，通常从各种自主创新联盟的成员中获取。

政府作为区域技术创新的重要参与者，是企业显性知识组合过程中重要的知识供给者。但企业从政府组合的显性知识不同于从科研院所或大学、企业组合的显性知识，企业从政府获取的知识主要是各种制度性知识。企业从政府组合制度知识也是有条件的，主要是企业必须能为政府创造一定的税收。

（3）显性知识组合化的空间约束　显性知识可以用语言、图形、数字等表达，而且可以通过"硬"数据、数学公式、成文的程序或通用的原则等形式交流和共享。显性知识组合化是知识创新主体从其他创新主体那里获取或共享显性知识的过程，所以，显性知识组合化受空间约束较小。

马歇尔提出"产业空气"，认为知识在集群内传播犹如空气般自由、均衡、免费地扩散。就显性知识而言，上述观点有一定道理。企业间的知识交流依赖于两个条件：一是企业已积累的知识存量；二是能够识别和吸收来自其他企业可潜在转移的知识的能力。知识交流遵循一些行为结构规则，即由企业吸收能力的相对值（即企业间的认知距离)所决定。具备高级知识禀赋的企业既有可能被集群其他企业视为当地的"技术领导者"或技术"早期试用者",这些企业经常被技术落后的或边缘企业当做技术和知识信息的源泉。一些企业转移的知识可能比从其他企业那里所获的知识更多,它们在集群知识体系里充当静"源"。所以,显性知识在一定区域的流动是不均衡的,主要在一部分具有较强吸收能力的核心企业之间流动。企业要组合显性知识,实现集成化创新,必须提高自身知识创新和组织学习的能力。

2) 隐性知识外部化

隐性知识外部化是将隐性知识显性化的过程。隐性知识是非常个性化的,很难将其外部化,很难用语言、数字表达,因此隐性知识难以和他人交流和共享。隐性知识深深根植于个人的行动、经历、理念、价值观和情感中。隐性知识以隐喻、类比、概念或模型的方法显性化,是一种典型的知识创新过程。隐性知识显性化是原始性创新的重要途径。原始创新意味着在研发方面,特别是在基础研究和高技术研究领域做出前人所没有的发现或发明,推出创新成果。它不是延长一个创新周期,而是开辟新的创新周期和掀起新的创新高潮。理解隐性知识外部化的动力、途径和空间约束,对认识创新主体的原始创新具有重要意义。

隐性知识有两个维度:第一个维度是技术维度,包括"诀窍"所致的非正式和难以记录下来的技巧、技艺;第二个维度是认知维度,也是更为重要的一个维度,它包括在人们心中根深蒂固的、通常被视为理所当然的心智模式、信念和认知等。隐性知识的认知维度反映了人们对现实的印象(是什么)以及人们对未来的愿景(应该怎样)看法。根据 Roy Lubit 的分类,组织中有四种类型的隐性知识:一是难以表达的技术诀窍(know-how);二是心智模式(mental models);三是解决问题的方式(ways of approaching problems);四是组织管理(organizational routines)。不同类型隐性知识外在化的动力、途径和空间约束也不同,如表 3.1 所示。

表 3.1 隐性知识外在化的动力、途径与空间约束

	技术维度	认知维度	问题维度	组织维度
动力	原始创新带来的垄断租金 重大科学发现对重大技术、方法发明的促进 内部团队创新 创新知识供需缺口	历史传承	问题解决的成本收益	组织对经营的促进度
途径	干中学	隐喻、类比、概念或模型	问题决策程序制度化	组织创新制度化
空间约束	具有技术黏性,受空间约束大	具有认知黏性,受空间约束大	具有个体黏性,受决策主体知识存量和决策习惯约束大	具有组织黏性,受组织历史约束较大

基于不同动力,通过不同途径,个人和组织的隐性知识外在化,形成个体显性知识或组织显性知识,是组织原始创新的重要来源。原始创新偏重于基础研究和重大技术开发,在实际应用方面可能考虑不周或离实际应用还有距离,消费者可能无法直接观测到原始创新尤其是基础研究原始创新的成果。与原始创新相关的知识隐性程度很大。

由于隐性知识显性化是一个从混沌到有序的过程,显性化前的隐性知识信息非常弱,所以,如何从隐性知识着手,针对不同隐性知识显性化的动力,选择切实可行的显性化途径,是区域自主创新的关键。

3.2.2 隐性知识创新

隐性知识创新是通过隐性知识社会化和显性知识内在化两种途径实现的。区域创新能力在表面上体现为显性知识,但形成区域显性知识的基础是有关区域创新主体所拥有的隐性知识。所以,隐性知识创新是区域技术创新过程中知识创新的基础,是研究网络形成的重要前提条件。明确隐性知识社会化与显性知识内在化的动力机制、发展阶段和空间组织形态演变规律是把握隐性知识创新的关键。

1）隐性知识社会化

社会化是一个分享经验、创造隐性知识的过程。获得隐性知识的关键是体验，没有一定程度的共同体验，一个人很难将自己的想法投影到另外一个人的思维过程中去。如果将共同体验从相关的环境和情绪中分离出来进行简单的信息传递，这样做的效果甚微。对区域而言，隐性知识社会化的过程实质上是区域创新文化形成的过程。明确区域创新文化形成的动力、途径和空间约束规律（见表3.2），有助于揭示隐性知识社会化的规律。

表3.2　隐性知识社会化的动力、途径和空间约束

	技术维度	认知维度	问题维度	组织维度
动力	利他主义价值观 信任机制	共同的信仰 共同的历史 共同的地域	问题解决的成本收益	组织对经营的促进度
途径	从经验中学习 干中学习 交互式学习 知识冲突学习	共同体验 共享心智模式	问题科学决策程序习惯化	组织创新习惯化
空间约束	具有技术黏性，受空间约束大	具有认知黏性，受空间约束大	具有个体黏性，受决策主体知识存和决策习惯约束大	具有组织黏性，受组织历史约束较大

（1）隐性知识社会化的动力　隐性知识具有技术维度、认知维度、问题维度、组织维度四个维度。就技术维度而言，技巧、技艺社会化，技巧、技艺拥有者在价值观取向上必须具备利他主义的价值观。利他主义价值观鼓励成员积极贡献自己的知识，将会促进成员之间的隐性知识交流；而利己主义的价值观则使成员停滞在"信息询问者"或"浏览者"阶段，只享受资源而不给予。组织价值观取向对成员机会主义行为和知识共享行为发生的概率起决定作用。就技巧、技艺学习者而言，信任机制是隐性知识社会化的重要动力。

Chowdhury通过研究信任在复杂知识共享中的作用指出,信任是连接组织成员的情感纽带,对知识共享活动的发生起推动作用。McEvily等通过测试信任在组织设置中的角色,验证了信任程度与组织各成员知识共享行为的正向相关性。所以,高度信任的组织文化氛围,能够有力地促进技巧、技艺性隐性知识的社会化。

基于共同认知维度的隐性知识是成员具有共同的信仰、共同的历史、共同的地区等形成的。区域创新文化就是这种隐性知识的重要组成部分。具有共同的信仰、共同的历史、共同的区域是隐性知识社会化、组织成员共享心智模式的重要动力。

(2) 隐性知识社会化的途径　隐性知识是高度个性化的知识,隐性知识社会化的途径主要通过共同文化环境下的组织学习。基于技术维度的隐性知识社会化主要通过从经验中学习、干中学习、交互式学习、知识冲突学习。基于认知维度的隐性知识社会化主要通过成员共享体验、共享心智模式。组织共享心智模式是指一个组织的全体成员共享关于共同认知对象的知识与意义的有组织的理解和心理表征,它可以是各成员在认知过程与工作过程中对问题的界定、对情景采取的反应以及对未来的预期表现出协调一致性。基于问题维度的隐性知识社会化主要通过问题科学决策习惯化来实现。基于组织维度的隐性知识社会化主要通过组织创新习惯化来实现。

(3) 隐性知识社会化的空间约束　隐性知识社会化不但受到个体异质性的约束,还受到个体所在空间的约束。基于技术维度的隐性知识社会化,受技巧、技艺拥有者个体异质性和技巧、技艺拥有者所在的空间约束较大。基于认知维度的隐性知识社会化,受组织文化氛围约束较大,知识需求者和知识供给者的异质性特征都影响到隐性知识的社会化程度。基于问题维度的隐性知识社会化,受决策主体的知识存量和决策习惯约束较大。基于组织维度的隐性知识社会化,受组织历史约束较大。

2) 显性知识内部化

显性知识内部化是将显性知识具体到隐性化的过程。当通过社会化、外部化和组合化得到的经验内部化到个人,形成以共同知识或技术"诀窍"形式存在的隐性知识时,它们便成为宝贵的资产。为了促进组织知识的创新,个人积累的隐性知识需要和其他组织成员社会化,从而引发新一轮知识创新的螺旋上升过程。从复杂性科学角度讲,混沌—有序—混沌是隐性知识产生的基本过程。显性知识内部化是上述过程中从有序到混沌的重要环节,是引进消化吸收再创新的重要途径,通过显性知识内部化,组织或个人将外部知识转化为内部知识,实现自主创新。

引进消化吸收再创新是三种自主创新中最低层次的自主创新形式。这种创新模式的主要意义在于发展中国家形成技术后发优势。美日韩等发达国家的技术创新历程表明,通过引进消化吸收再创新,可以使引进技术在引进国条件下快速商业化,形成具有本国特色的自主创新能力。明确显性知识内部化的动力、途径和空间约束规律,对研究区域引进消化吸收再创新具有重要意义。

就技术性知识而言,显性知识内部化的主要动力在于后发国家和后发区域缺乏自主技术知识,同时在技术更新换代不断加快的情况下,实现技术追赶,缩短同发达国家或发达区域之间的技术距离。技术性知识内在化的主要途径靠引进消化再吸收。就认知性知识而言,信息全球化、经济全球化是这类显性知识内部化的重要动力,显性知识内部化的主要途径是对外开放,通过学习外部显性知识实现外部显性知识内部隐性化。

显性知识可以以语言、文字、数字等形式表达,便于交流和共享。所以,显性知识隐性化时,显性知识的来源受空间约束较小。但显性知识隐性化受创新个体隐性知识基础的影响,创新个体的隐性知识受空间约束较大。①

3.2.3 区域技术创新

区域技术创新即区域技术知识创新。区域技术创新包括原始创

鲁铭. 论区域自主创新的本质及其动力[J]. 江汉论坛,2011(8):24-28.

新、集成创新和引进消化吸收再创新。上述三种技术创新分别与隐性知识外部化、显性知识组合化、显性知识内部化相对应。所以,区域创新主体在研究网络中的技术创新实质上是区域隐性知识与显性知识在个人、群体、组织内部或之间相互转化的过程,如图3.9所示。

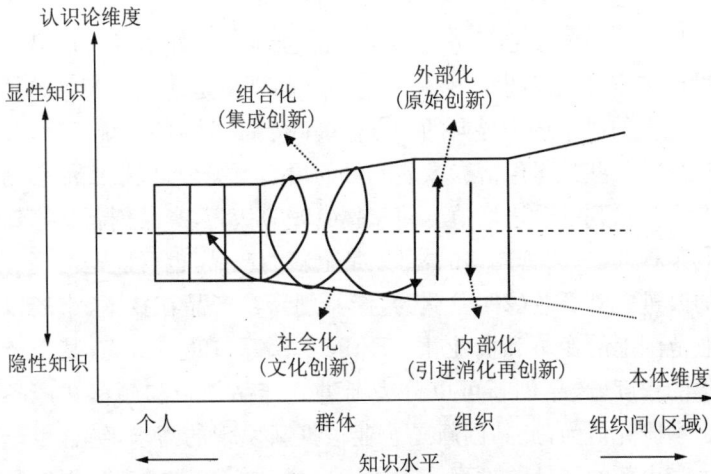

图 3.9　区域技术知识创新螺旋示意图

知识创新是区域创新主体在研究网络中创新活动的主要目标,区域创新主体通过相互作用,分别提升个体、组织的动态能力,改变组织绩效,最后形成区域技术创新。区域知识创新者是区域研究网络的核心主体。技术知识创新者既可能在区域内部,也可能在区域外部,但区域研究网络必须拥有新技术知识创新者。将技术知识创新者纳入研究网络是区域创新主体构建区域研究网络的关键。缺乏技术知识创新者,将形不成区域研究网络,有可能出现区域技术创新空心化现象,影响区域技术创新源头的形成。

3.3　区域技术创新的生产网络

企业家创新能力的核心有两点:一是发现新需求的能力;二是

组合生产要素生产出新的产品或服务满足新需求的能力。通过开发网络,企业家发现了新的顾客需求,形成了区域技术创新的开端。通过研究网络,企业家找到了生产要素中的关键要素——技术,具备了技术创新的关键条件。但要生产出新的产品或服务去满足开发网络中发现的新需求,离不开生产网络的构建。

生产网络的核心任务是实现产品创新。中外学者对产品创新下过许多定义。胡树华(1997)认为,产品创新是建立在产品整体概念基础上的以市场为导向的全方位提高产品价值的系统工程,表现为产品的某些技术经济参数质和量的提高与突破,包括产品创新和原有产品系列的改进增值。傅家骥(1998)认为,产品创新是指新的或有某种改进、改善的产品,可以是全新的产品,也可以是对现有产品的改进。刘石兰(2008)认为,产品创新是产品在技术、市场以及产业范围上的变革和商业化。Ettlie J.E.等(1984)认为,基于产品变化的程度,产品创新可以分为渐进式产品创新和颠覆式产品创新。本研究认为,产品创新是企业根据新发现的需求,组合生产要素生产出新的产品的过程。本研究通过分析渐进式产品创新和颠覆式产品创新的过程,揭示区域生产网络中产品创新的规律。

3.3.1 渐进式产品创新

关于渐进式产品创新,国内外学者 James March、Nelson 和 Winter、Sahal、Tushman 与 Anderson、Melissa、柳御林等从不同角度进行过定义。本研究认为,渐进式产品创新是持续不断的局部或改良性产品创新活动,是以企业现有技术和现有市场为基础,对现有产品小的改善或简单的调整。渐进式产品创新是一种较低层次的产品创新,突出强调的是通过工艺创新、人员创新、流程创新、结构创新提高产品的技术含量,累积增加产品附加值和市场竞争力,进而提高企业的累积经济效益。与突破式产品创新相比,渐进式产品创新主要通过持续不断的局部积累或改良创新,对产品成本降低和性能提高产生影响。所以,渐进式产品创新破坏性较小,风险较低,更容易获得市场成功。

1) 渐进式产品创新的途径

(1) 内部创新　克里斯藤森等人在 Herbig(1994)研究的基础上将渐进式产品创新分为流程创新、人员创新、工艺创新和结构创新。上述四种创新是企业产品创新的主要途径。流程创新是企业通过在规则、工作程序、工作进度等方面的创新,以降低产品成本,提高产品性能,扩大产品销售市场;人员创新是企业通过在人力资源管理方面的选拔和培训政策上的创新,降低产品成本,提高产品性能,扩大产品销售市场;工艺创新是企业通过在生产或制造工艺或重大技术方法方面的创新,降低产品成本,提高产品性能,扩大产品销售市场;结构创新是企业通过对产品结构的改进,实现范围经济,降低产品成本,提高产品性能,扩大产品销售市场。将渐进式产品创新分为流程创新、人员创新、工艺创新和结构创新,是从企业内部着手,通过产品之外的相关创新实现渐进式产品创新的目的。

(2) 模仿创新　从知识创新角度讲,渐进式产品创新是一种模仿创新,模仿创新是渐进式产品创新的重要途径。在模仿创新阶段,企业引入的技术打破了其原有的技术范式,企业的工作重点在于进行工艺创新,按照引进的技术标准生产。企业组织学习的主导模式为适应性学习,其指的是进行秩序调整从而形成相对宽松的、能适应一定变化的新系统秩序,以尽快适应新的技术范式。李正卫(2003)分析了动态环境条件下的组织学习与企业绩效,认为知识获取和信息分发对于企业绩效的提升具有积极显著的作用。Hankansson H(1999)研究了业务关系中的学习,一个主要的结论是学习的发生与关系间的连接高度相关。关系越是网络的一部分,公司越能从中学习。Oswald Jones 建立了组织学习与企业持续竞争优势的关系模型,定量实证研究考察了组织学习是否能够最终实现企业绩效的提高和持续的市场竞争优势。

(3) 产业链创新　在经济全球化和知识全球化的今天,企业产品创新并非本企业的创新行为,而是产品创新所在产业链上所有企业的或个人的集体行为。企业渐进式产品创新同样离不开产业链上其他企业的配合和参与。产业链上的供应商、制造商、经销商、客户共同参与产品创新,形成产业链创新团队,以产业链中各成员企业的创新创意提出为主要契机,进行交流沟通及协调运作。

2) 渐进式产品创新与开发网络

企业渐进式产品创新与区域开发网络密切相关。从社会资本的来源划分,Adler 和 Kwon 将社会资本分为内部社会资本和外部社会资本。企业内部社会资本主要是指企业内部生产部门与销售部门、R&D 部门的联系,以及 R&D 部门与销售部门的联系等。企业内部社会资本嵌入在企业内部关系网络中,其内容包括企业内的社会互动、信任和共同愿景。在企业渐进式产品创新过程中,偏重于企业对内部社会资本的利用。在开发网络中,企业通过内部商务关系创新,促进渐进式产品创新,使区域生产网络与开发网络相互嵌套,完成区域技术创新的重要过程。

3) 渐进式产品创新与研究网络

渐进式产品创新多源于渐进式技术创新。渐进式产品创新是对现有技术的改善,是现有技术的拓展。在产品生命周期中,产品导入期的技术创新以原始性技术创新为主,产品成长期、成熟期的技术创新以渐进式技术创新为主。主导设计出现是突破式技术创新和渐进式技术创新的分水岭,主导设计出现前,多种技术在市场上同时并存。产品导入期市场竞争的结果,只有技术可能性与市场选择相互作用之下广为接受的满意产品才能成为主导技术。主导技术出现后,渐进式技术创新开始占据主流,企业着重于渐进式工艺创新等以降低成本获得价格优势。企业创新的重点逐渐由技术创新转向非技术创新。生产网络与研究网络存在重叠和相互嵌套现象,在产品生命导入期,生产网络与研究网络重叠的面积较大,随着向产品成长期、成熟期的过渡,两者重叠的面积逐渐缩小。

3.3.2 颠覆式产品创新

关于颠覆式产品创新,中外学者 Schumpeter(1942)、Benner 和 Tushman(2003)、Zhou et al(2005)、Richard Leifer(2000)、Abernathy 和 Utterback(1978)、Foster(1986)、许庆瑞(2000)等分别从不同角度进行过定义。本研究认为,颠覆式产品创新是基于突破式技术创新或破坏式市场创新的产品创新,颠覆式产品创新彻底改变了现有企业生存和发展的技术基础和市场基础,是在产品生命周期到达极限后出现的产品革命。同渐进式产品创新相比,颠覆式产品创新破坏性大、创新风险高。

1）颠覆式产品创新的途径

颠覆式产品创新包含两类不同的创新:第一类是基于现有技术的进展,称之为突破式创新,它采纳新技术和发展技术来显著提高现有产品的消费者收益;第二类是基于现有市场细分,称之为破坏式创新,它是涉及新技术和不同技术为新兴或利基市场来创造新的客户价值。颠覆式产品创新的两种类型是颠覆式产品创新的重要途径。

（1）突破式创新 突破式创新通过技术创新的突破实现产品创新,颠覆市场领先者的领导地位,如图 3.10 所示。这种创新根植于原初的价值网络,它并不创造新市场,而是通过不同的技术组合或商业模式,通过获取守成企业看来最不具有吸引力的顾客,而逐渐发展壮大。突破式创新在行业内产生了一个阶段性变动的成本下降,但它是市场进入者通过破坏市场领先者的方式获得的。在面临新技术颠覆式创新时,守成企业通常选择逃避进攻者的挑战,实际上,在市场领导企业看来,颠覆者开始从原有价值网络的低端拉拢顾客是件好事,因为当它们在自己的领域向高端市场推进时,它们可以暂时用毛利润较高的收入代替由于颠覆者的攻击而丧失的毛利润较低的收入。突破性创新者通过技术突破改变产品的性能,实现产品创新,颠覆市场领先者的领导地位,这要求创新企业具有一定的技术创新实力。突破式创新企业经常从低端市场进入,通过低端产品的技术突破改变低端产品的市场地位。

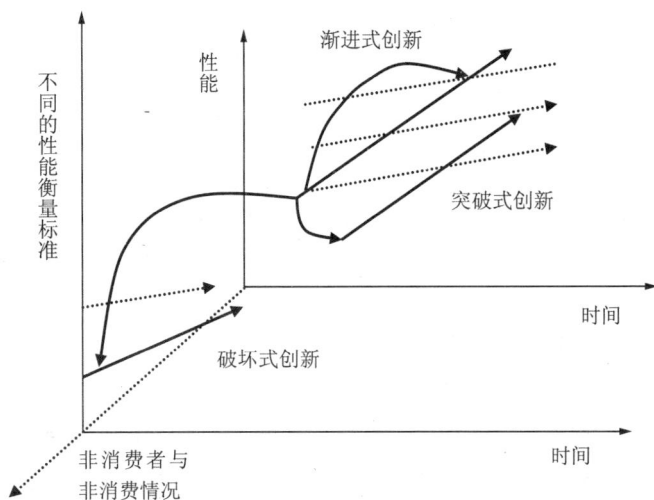

图 3.10　颠覆式产品创新模型

　　(2) 破坏式创新　破坏式创新通过开发非消费市场,实现产品创新,将非消费者变为消费者,开发新的价值网络。破坏式创新并不侵犯主流市场,而是使顾客脱离主流市场进入新市场,因为原有主流市场的消费者发现这些新产品比旧产品更加便利。从破坏式创新的过程看,破坏式创新是通过发现新的需求,开发新的细分市场,创造新的价值网络。这种创新基本上是集成原有技术,生产出新产品满足新的细分市场的消费需求。由此可见,破坏式创新对企业营销能力要求较高。

　　现实中的许多颠覆式产品创新具有混合性,结合了突破式创新和破坏式创新的双重特点。企业进行颠覆式产品创新时,往往是同时使用上述两种创新方式的。同渐进式产品创新相比,企业在技术不确定性和市场不确定性同时较高时,往往进行颠覆式产品创新,如图 3.11 所示。

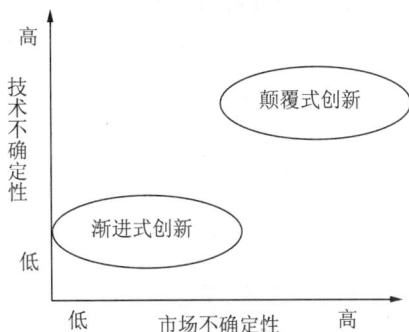

图 3.11 企业创新模式选择

2）颠覆式产品创新与开发网络

在区域技术创新过程中，企业通过商务关系创新在开发网络中形成各种社会资本。这些社会资本是企业进行产品创新所需的重要社会资源。由于颠覆式产品创新破坏性大，可能改变现有市场的格局，颠覆式产品创新过程中需要大量高质量的社会资本。单个企业往往在个别创新资源方面具有市场竞争优势，但不可能在所有创新资源方面都具有竞争优势，这就要求进行颠覆式创新的企业重视外部社会资本，通过从外部引入新的知识来促进企业颠覆式产品创新的开展。企业外部社会资本是指有助于企业摄取各种稀缺资源的外部关系网络，包括企业与顾客、供应商、销售商、金融机构、科研院所、高校、政府部门、技术与管理咨询机构、行业协会以及其他企业之间的联系，具体可以分成三个部分：纵向关系资本，主要指企业与客户和供应商之间的关系；横向关系资本，主要指企业与竞争对手和其他企业之间的关系；外部社会资本，这是一种从企业外部获得利益的能力，有助于企业获得周围环境中的市场情报、增加企业在通路中的影响力、控制力及权力。

企业在颠覆式产品创新过程中，对开发网络依赖度较高，开发网络的质量和运营效率对企业颠覆式创新的成功与否影响巨大。在企业颠覆式创新的两种类型中，破坏式创新对开发网络的依赖程度更高。开发网络通过互补性商务关系创新、竞争性商务关系创新和市场创新,对生产网络中的破坏式产品创新提供支持,如图 3.12所示。

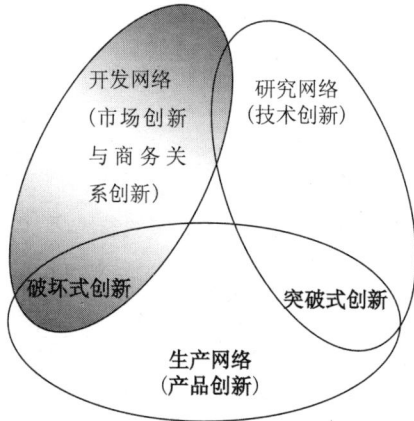

图 3.12　颠覆式产品创新与开发网络、研究网络的关系

3) 颠覆式产品创新与研究网络

研究网络是区域创新主体以知识价值链为纽带,以知识创新为目的形成的网络。颠覆式创新所需要的资产包括技术资产和非技术资产。其中,技术资产由科学研究资产、产品开发资产、工艺资产、产品制造资产构成;非技术资产由市场资产和项目管理资产组成。由于专业化分工,区域创新主体往往只在个别创新资产方面具有竞争优势。企业在技术不确定性和市场不确定性均较高时,必须进行颠覆式产品创新。这时,往往存在颠覆式创新资产缺口。颠覆式创新的资产缺口既包括互补性资产缺口,也包括能力缺口。从理论上讲,颠覆式创新的成功,除了需要一定的技术性资产之外,还需要企业拥有一定的其他资产。Teece(1986)将这些存在于企业外部的非技术性资产称之为互补性资产。他认为互补性资产对创新的商业化从而对创新的成功具有举足轻重的影响。没有足够的技术性资产,颠覆式创新就难以取得技术上的突破;没有足够的互补性资产,即使有技术上的突破,也难以取得商业上的成功。颠覆式创新的成功实施对企业的技术能力和市场能力有很高的要求,而绝大多数企业仅凭自己的能力无法完全满足这些要求。颠覆式创新要求的能力与企业拥有的能力之间往往存在一定的距离,即存在能力缺口。企业不想法弥补上述缺口,颠覆式产品创新将无法进行。

区域研究网络中有实施颠覆式创新的企业所需的大量互补性资产和能力,企业通过与有关创新主体结盟,可以有效地弥补颠覆式创新过程中存在的互补性资产缺口和能力缺口。在 Mcdemott GC 等人所做的案例研究中,每一个样本企业都通过与其他企业建立联盟来弥补能力缺口,降低风险,提高创新的成功率和绩效水平。从联盟伙伴方获取自己欠缺的互补性资产或能力是企业建立联盟的主要动机。在企业颠覆式创新的两种类型中,破坏式创新对研究网络的依赖程度更高。研究网络通过技术知识创新,为企业突破式产品创新提供支持。

3.3.3 区域产品创新

区域产品创新是区域所有企业产品创新的综合,是所有产品渐进式创新与颠覆式创新的综合。区域所有企业生产网络的叠加和嵌套形成区域生产网络。区域生产网络是区域技术创新成果实现商业化的阶段,也是区域企业和政府对技术创新要求的最终目标。如果一个区域技术创新过程中缺乏生产网络,将会导致区域技术创新出现无果化现象。区域技术创新没有实物收获,缺乏持续进行的资金和实物支持,区域技术创新的可持续发展将受到严重制约。

3.4 区域技术创新评价

就区域技术创新过程而言,对区域技术创新进行评价就是对开发网络、研究网络和生产网络进行评价。巴尼(2003)指出,价值、稀缺、不可模仿、不可复制是企业核心竞争力的基本标志。上述四个标准同样也可用于对区域技术创新的评价,用于对开发网络、研究网络、生产网络的评价。评价区域创新能力,首先,应评价区域技术创新的开发网络、研究网络、生产网络的完备性,评价区域开发网络、研究网络、生产网络是否能为区域技术创新创造价值。开发网络通过互补性商务关系创新、竞争性商务关系创新和市场创新为区域技术创新创造价值;研究网络通过技术知识创新为区域技术创新创造价值;生产网络通过产品创新为区域技术创新创造价值。其次,应分别评价区域开发网络、研究网络、生产网络的稀缺性。区域技术创新的本质是知识创新,区域拥有的市场知识、商务关系知识、技术知识、产品知识应该是本区域企业独有的、没有被当前和潜在的竞争对手所拥有的。再次,评价区域技术创新的开发网络、研究网络和生产网络是否容易被其他区域模仿,只有不能被其他区域模仿的技术创新网络,才具有核心竞争力。最后,评价区域技术创新的开发网络、研究网络、生产网络是否容易被其他区域替代,只有不能被其他区域替代的技术创新网络,才具有核心竞争力。

［本章小结］

区域技术创新过程可以分为互有重叠的开发网络、研究网络、生产网络三个子过程。区域创新主体在开发网络中进行技术创新活动的目标是通过互补性商务关系创新、竞争性商务关系创新和市场创新为区域技术创新提供市场和商务关系资源。区域创新主体在研究网络中进行技术创新活动的目标是通过技术知识创新为区域技术创新提供技术知识支持。区域创新主体在生产网络中进行技术创新活动的目标是通过渐进式产品创新或颠覆式产品创新实现技术创新商业化,为技术创新的可持续发展提供资金和实物支持。区域技术创新过程中的开发网络、研究网络、生产网络是互相重叠、互相嵌套的,区域创新主体在任何一个网络中的技术创新活动都受到其他两个网络创新活动的约束。价值、稀缺、不可模仿、不可替代既是评价区域技术创新的标准,也是评价区域技术创新过程中开发网络、研究网络、生产网络的标准。一个区域在技术创新过程中只有使开发网络、研究网络、生产网络都实现价值、稀缺、不可模仿、不可替代,才能保证区域技术创新的可持续发展。

4   区位系统要素的结构组成

　　区位结构是指区位系统中各组成要素之间的相互联系、相互作用的方式或秩序。"区位因素"就是"成本优势",成本优势取决于工业所在的位置,并因此可以吸引工业的选址。区位是一种经济空间场,区位因素本身的异质性和分布的不均衡,构成了区位的非均质性。区位系统中各要素不是孤立存在的,每个要素在系统中都处于一定的位置上,起着特定的作用。研究区位结构,明确不同区位因素在区域技术创新中的地位和功能,对研究区域技术创新的区位约束具有重要意义。对区位系统进行结构分析,是为在既定的环境约束条件下,使系统达到整体最优目标所不可缺少的研究过程。

　　由古典区位理论到新古典区位理论的发展演变实际上体现了区位经济学家由研究单个企业的微观区位到研究整个宏观区位的视角转变,从而体现了区域环境对单个企业发展影响的重要性。在此过程中,传统的区位因子并没有随着经济发展模式的改变而被忽视,而是以不同的方式和程度作用于不同的区域和产业类型;集聚因素日益得到重视,企业向最优区位靠拢,它们之间联系紧密,构成网络并形成结点;注意到资源禀赋和市场空间分布的不均衡性,使模型和研究成果更符合经济发展的实际情况;将技术因子纳入企业区位研究,充分考虑了市场、政策等环境因素对企业区位选择的影响。

4.1   区位结构模型及研究假设

　　现代区位理论是知识经济发展到一定历史阶段的产物。同传统区位理论相比,现代区位理论是研究区域创新主体技术创新行为的空间选择及空间内经济活动的组合理论。在知识经济条件下,人力资源的素质和技能成为知识经济实现的先决条件,区位论的研究应该由过去以物为中心转向以人为中心。但究竟从哪些维度去研究区位?这是研究区位必须解决的首要问题。文献研究表明,影响区位形成的因素很多。这里以我国著名区位研究专家高进田教授提出的区位内源、通道、区位场的组成理论为基础,进行定量指标的设计分析与研究,采用访谈、问卷调查与内容分析的方法,试图了解不同区位要素对区位的影响。

从江苏、天津、广东选择 20 名高校科研人员、20 名企业科研人员、20 名高科技企业高层管理人员作为调查对象。通过深度访谈并对访谈结果进行分析发现,影响区位的因素集中在区位内源、区位通道和区位场等方面。其中,区位内源又集中在元区位、区位文化、区位制度、器物性区位要素等;区位通道又集中在物质传输通道和信息传输通道方面;区位场又集中在区位的资源集聚性、区位的技术扩散性和区位的区际结网性方面。据此我们建立了区位结构研究模型,如图 4.1 所示。

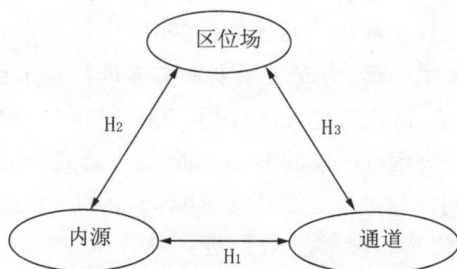

图 4.1 区位结构研究模型

区位内源是指区位依托的经济空间的要素禀赋、要素等级以及要素的集聚形态。区域要素是一个动态的概念,随着经济的发展,区域要素所包含的内容是不一样的。一般来说,区域要素主要包括自然条件和自然资源、人力资源、资本、技术、制度、文化等。区域要素具有等级性,不同等级的区域要素对区位的提升和创造的作用是不一样的。元区位和器物性区位要素包括以土地为依托的自然资源、人力资源、资本、技术等,对区位的形成起着直接的决定作用,构成区域技术创新刺激—反应模型"探测器"的主要要素,如图4.2所示。

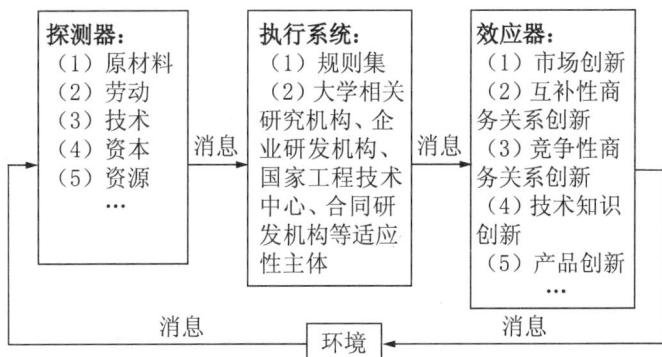

图4.2 区域技术创新的刺激—反应模型

　　区位文化包括在一定区位内生存的人们所具有的世界观、价值观、信仰、思维方式等,是区位形成的最深层的原因。区位制度包括企业家制度、R&D制度、技术中介制度、创新融资制度等,是区域创新资源的中间层,起着联系元区位、器物性区位要素和区位文化的作用,和区位文化一起,构成区域创新主体进行技术创新所遵守的规则集。元区位、区位文化、区位制度、器物性区位要素共同构成主要的区位内源,决定着区位的形成。所以,本研究提出假设 H_1:

　　H_1:区位内源和区位通道相互影响,丰富的区位内源(尤其是技术人员和风险资本),能够有效促进区域技术创新,有利于区位的形成。

　　区位通道保证了区位所涵盖的经济空间场的完整性。区位的交通运输通道、邮政通道、通信传输通道、IT网络传输通道、电视传输通道等不但直接影响到创新主体之间各种创新资源的流通,而且对区域创新主体之间的创新交流也有重大影响。同时,区域内外创新资源的流通和技术外部性也离不开区位通道。区位的物质通道和信息通道直接决定区位质量的提高。据此提出假设 H_2：

H_2：区位通道和区位场相互影响，区位通道中的物质通道和信息通道影响区位的形成和质量的提高。

根据普里戈金(1969)的耗散理论，耗散结构的形成必须具备三个基本条件：一是开放性，即系统必须是开放系统；二是非平衡性，即系统内部处于非平衡态；三是非线性，指系统的不同元素之间存在着非线性机制，系统具有不可叠加性，是系统产生耗散结构的动力条件。位于一定区位的区域创新系统是一种耗散结构，具有三个特征：一是开放性，必须与环境进行物质、能量和信息交换；二是非平衡性；三是非线性，指区域创新系统各经济元素的共同作用不等于各经济元素单独作用的机械叠加。区域创新系统的三个特征是区域创新主体进行技术创新的动力机制。在经济全球化、知识全球化和信息全球化的今天，区域创新系统不可能停留在闭关自守的封闭状态。只有将区域创新链融入全球创新链，才能与全球各地进行知识、技术、人才和信息的交换，才能在全球共享资源，才能有效利用发达国家已有的技术平台，实现更高层次的技术创新突破。一个区域的开放程度决定着该区域创新主体所能结网的范围。

区域优越的区位条件不但能够对其他区域的企业家、R&D 人员、风险资金、技术服务等产生吸引力量，使这些创新资源在本区位集聚起来，形成技术创新的资源动力。而且也便于本区域的技术扩散到其他区域，形成对后发区域经济和技术上的有效控制。同时，优越的区位条件可以使本区域在创新网络中占据强势地位，在一定范围的技术竞争中处于主动地位。因此，本研究提出假设 H_3：

H_3：区位场与区位通道相互影响，使本区域的技术有效地对外部形成扩散，增强区际结网能力，区位场对区位的形成和质量的提高具有重要作用。

4.2 研究方法

通过文献研究和与专家进行深度访谈，根据研究假设设计了

29 个测量变量作为显变量,测量研究假设中的 3 个潜变量,如表4.1所示。经过探索性因子分析,"区域新产品销售收入对区位有一定影响"、"区域技术中介从业人员的素质影响区位的质量"、"区域技术中介制度影响区位的质量"、"区域公共服务制度影响区位的质量"、"区域技术中介文化影响区位的质量"、"区域教育文化影响区位的质量"、"优越的区位条件对区域外部的技术服务具有吸引作用"、"强产业区域区际结网能力"、"创新网络发达区域区际结网能力"6 个指标因子得分值太低,从量表中删除。经过甄别修正后确定的调查问卷包括三部分:第一部分测量区位内源因素对区位的影响,共包括原材料指数、劳动指数、技术指数、科研条件、企业家制度、研发制度等 10 个指标;第二部分测量区位通道对区位的影响,共包括区位物质通道和信息通道 2 个方面 5 个指标;第三部分测量区位场对区位的影响,共包括区位对创新资源的集聚性、区位技术的辐射性、区位的区际结网性 3 个方面 8 个指标。每个指标采用 5点李克特法(Likert)来测量其值,1 分代表"非常不同意",5 分代表"非常同意"。

表 4.1　测量区位结构的量表

变　　量	量　　　表
区位内源	1. 原材料指数影响区位的质量
	2. 劳动指数影响区位的质量
	3. 技术指数影响区位的质量
	4. 区域科研条件影响区位的质量
	5. 区域企业家制度影响区位的质量
	6. 区域 R&D 制度影响区位的质量
	7. 区域创新融资制度影响区位的质量
	8. 区域企业家文化基因影响区位的质量
	9. 区域 R&D 文化基因影响区位的质量
	10. 区域风险投资文化基因影响区位的质量

变　量	量　表
区位通道	11. 区域交通运输通道影响区位的质量
	12. 区域邮政通道影响区位的质量
	13. 区域通信传输通道影响区位的质量
	14. 区域 IT 网络传输通道影响区位的质量
	15. 区域电视传输通道影响区位的质量
区位场	16. 条件优越的区位对区域外部的企业家具有吸引作用
	17. 条件优越的区位对区域外部的 R&D 人员具有吸引作用
	18. 条件优越的区位对区域外部的风险资金具有吸引作用
	19. 创新能力强的区域会对创新能力弱的区域产生技术扩散作用
	20. 创新能力弱的区域经常从创新能力强的区域吸收技术辐射
	21. 开放区域往往具有较强的区际创新结网能力
	22. 具有较强创新能力的区域往往具有较强的区际结网能力
	23. 创新网络发达的区域具有较强的区际结网能力

　　此次共发放问卷 1 500 份,问卷的发放主要是通过与中山大学、南开大学、江苏大学、南京大学合作举办的在职 EMBA 班、MBA 班、MPA 班、工程硕士班、教育硕士班等的学员进行问卷调查。其中因所填信息严重缺失,或信息前后有出入而作废的问卷 216 份,收回有效问卷 1 284 份,有效回收率 85.6%。本次成功调查的样本中,企业技术人员 421 人,占样本总数的 32.79%;大学及科研机构科研人员 520 人,占样本总数的 40.50%;企业高层管理人员 187 人,占样本总数的 14.56%;金融机构及地方政府人员 156 人,占样本总数的 12.15%。调查样本的结构与研究假设的结构基本一致,可以认为本次调查样本具有代表性。

4.3　数据分析

4.3.1　量表的信度分析

　　通过对整个量表进行信度分析,发现整个量表的 Cronbach α系数值为 0.873,区位内源、区位通道、区位场的 Cronbach α系数值分别为 0.835、0.896、0.756,如表 4.2 所示。Nanally(1978)认为,Cronbach α系数值高于 0.7 即表明量表具有较高的信度。这说明设计的量表具有较好的信度。

表 4.2　区域创新区位各因子的信度

因　　子	Cronbach α系数值
整个量表	0.873
区位内源	0.835
区位通道	0.896
区位场	0.756

4.3.2　量表的效度分析

通过对各测量变量进行因子分析并进行正交旋转,用企业家数量与素质、研发人员数量与素质、风险投资数量、科研条件、企业家制度、研发制度、创新融资制度、企业家文化基因、研发文化基因、风险投资文化基因的问卷调查得分测量区位内源,用交通运输通道、邮政通道、通信通道、IT 网络通道、电视传输通道的问卷调查得分测量区位通道,用对企业家的吸引作用、对研发人员的吸引作用、对风险投资的吸引作用、技术扩散、技术吸收、区际结网的问卷调查得分测量区位场。各测量指标在相应变量上的因子荷载均大于 0.5,如表 4.3 所示,说明量表中各潜变量的结构效度良好。

表 4.3　区位结构测量变量旋转后的因子载荷阵

显　变　量	公　因　子		
	内源	内部通道	区位场
企业家数量与素质	0.849	0.010	−0.232
研发人员数量与素质	0.651	−0.180	0.077
风险投资数量	0.658	−0.082	0.182
科研条件	0.707	0.176	0.026

显　变　量	公　因　子		
	内源	内部通道	区位场
企业家制度	0.614	0.176	−0.192
研发制度	0.604	0.131	0.070
创新融资制度	0.549	−0.209	0.135
企业家文化基因	0.520	−0.119	0.370
研发文化基因	0.670	0.182	−0.186
风险投资文化基因	0.897	0.100	0.106
交通运输通道	0.025	0.902	−0.042
邮政通道	−0.129	0.866	−0.019
通信通道	−0.219	0.756	0.235
IT 网络通道	0.083	0.536	0.444
电视传输通道	−0.209	0.633	0.147
对企业家的吸引作用	−0.120	0.669	0.816
对研发人员的吸引作用	0.087	0.170	0.615
对风险投资的吸引作用	0.005	−0.081	0.513
技术扩散	0.104	0.191	0.742
技术吸收	0.100	0.106	0.897
区际结网	0.155	0.079	0.697

4.3.3　模型的拟合优度分析

拟合优度指标反映了结构模型整体的可接受程度,表 4.4 列出了结构方程主要拟合指数的推荐值和模型的实际值。通过推荐值和实际值的对比分析可知,模型较好地拟合了样本数据。

表 4.4　区位结构模型拟合优度指数

指　标	x^2/df	RMSEA	CMIN/DF	CFI	IFI
推荐值	<3	<0.08	<5	>0.9	>0.9
实际值	2.31	0.052	3.329	0.910	0.903

4.3.4　模型的主要参数分析

通过用 Amos 软件对样本数据进行模拟,运行出区位结构的结构方程路径图如图 4.3 所示。通过对模型模拟参数进行检验可知,

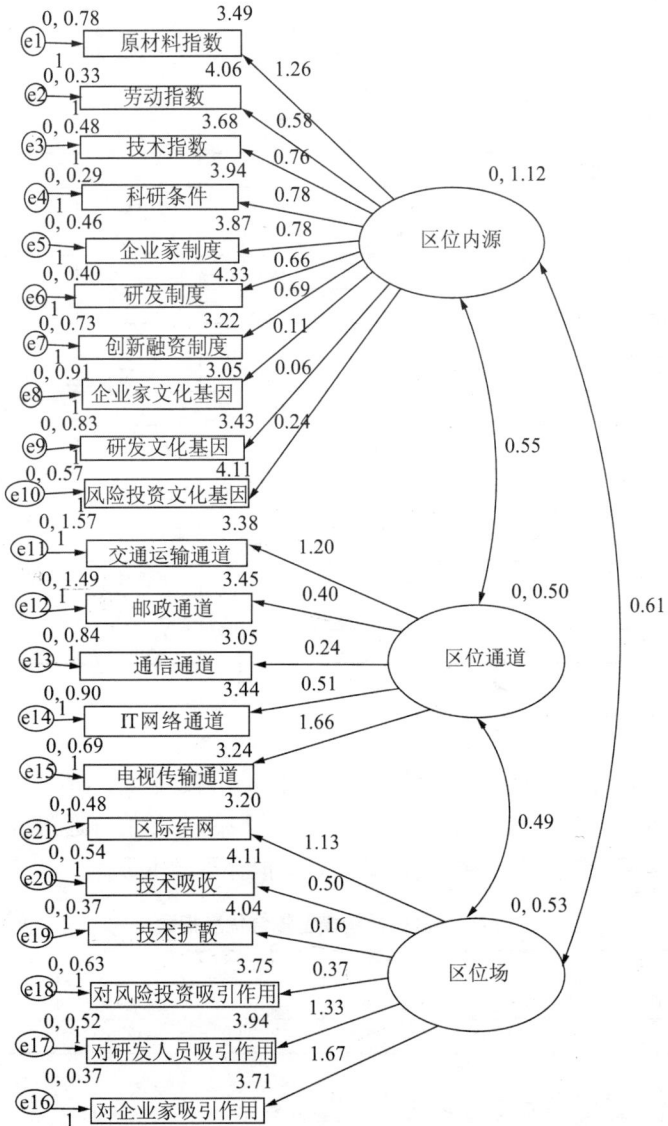

图 4.3 区位结构仿真路径图

潜变量"区位内源"、"区位通道"、"区位场"之间的路径系数的临界比C.R.较大,而且伴随概率明显大于0.05,这说明假设 H_1、H_2、H_3 均得到支持。

在图 4.3 中,各个测量指标与潜变量的回归系数的估计值中,各回归系数的临界比 C.R.的绝对值均较大,而且伴随概率明显小于0.05,如表 4.5 所示,说明各测量指标与潜变量之间的回归参数基本通过检验,能够正确反映区位结构各测量指标与潜变量之间的关系。同时,在结构方程的截距估计中,各回归参数的临界比 C.R.的绝对值均较大,而且伴随概率明显小于0.05,如表 4.6 所示;在方差估计之中,各回归值的临界比 C.R.的绝对值均较大,而且伴随概率明显小于0.05,如表 4.7 所示,这说明截距和方差的回归参数也通过了检验。

表 4.5　主要测量变量与潜变量之间的参数估计

测量变量	关系	潜变量	Estimate	S.E.	C.R.	P
原材料指数	←	区位内源	1.260	—	—	—
区际结网	←	区位场	1.130			
对风险投资吸引作用	←	区位场	0.367	0.114	3.214	0.001
技术扩散	←	区位场	0.157	0.086	1.819	0.069
技术吸收	←	区位场	0.504	0.107	4.703	***
对研发人员吸引作用	←	区位场	1.332	0.119	11.188	***
交通运输通道	←	区位通道	1.200	—	—	—
邮政通道	←	区位通道	0.404	0.186	2.169	0.030
通信通道	←	区位通道	0.238	0.139	1.708	0.088
风险投资文化基因	←	区位内源	0.238	0.075	3.153	0.002
研发文化基因	←	区位内源	0.064	0.090	0.718	0.473
企业家文化基因	←	区位内源	0.106	0.094	1.129	0.259
创新融资制度	←	区位内源	0.687	0.095	7.219	***
研发制度	←	区位内源	0.658	0.076	8.672	***
企业家制度	←	区位内源	0.782	0.084	9.259	***
科研条件	←	区位内源	0.776	0.074	10.478	***

测量变量	关系	潜变量	Estimate	S.E.	C.R.	P
技术指数	←	区位内源	0.764	0.085	9.004	＊＊＊
劳动指数	←	区位内源	0.584	0.068	8.579	＊＊＊
IT 网络通道	←	区位通道	0.506	0.147	3.439	＊＊＊
电视传输通道	←	区位通道	1.660	—	—	—
对企业家吸引作用	←	区位场	1.670	—	—	—

注：＊＊＊＜0.001

表 4.6　主要显变量截距估计值

显变量	Estimate	S.E.	C.R.	P
原材料指数	3.490	0.159	21.957	＊＊＊
劳动指数	4.059	0.084	48.578	＊＊＊
技术指数	3.676	0.106	34.753	＊＊＊
科研条件	3.941	0.098	40.398	＊＊＊
企业家制度	3.873	0.106	36.417	＊＊＊
研发制度	4.333	0.093	46.349	＊＊＊
创新融资制度	3.216	0.111	28.900	＊＊＊
企业家文化基因	3.049	0.095	32.007	＊＊＊
研发文化基因	3.431	0.091	37.728	＊＊＊
风险投资文化基因	4.108	0.079	52.079	＊＊＊
交通运输通道	3.382	0.150	22.489	＊＊＊
邮政通道	3.451	0.125	27.671	＊＊＊
通信通道	3.049	0.093	32.909	＊＊＊
IT 网络通道	3.441	0.101	34.054	＊＊＊
电视传输通道	3.235	0.143	22.628	＊＊＊
对企业家吸引作用	3.706	0.135	27.358	＊＊＊
对研发人员吸引作用	3.941	0.120	32.717	＊＊＊
对风险投资吸引作用	3.755	0.083	44.981	＊＊＊
技术扩散	4.039	0.061	65.896	＊＊＊
区际结网	3.196	0.107	29.802	＊＊＊
技术吸收	4.108	0.082	50.133	＊＊＊

注：＊＊＊＜0.001

表 4.7　主要潜变量和误差的方差估计值

潜变量	Estimate	S.E.	C.R.	P
区位内源	1.116	0.129	8.632	＊＊＊
区位场	0.534	0.057	9.325	＊＊＊
区位通道	0.499	0.078	6.406	＊＊＊
e2	0.326	0.051	6.408	＊＊＊
e5	0.461	0.074	6.219	＊＊＊
e8	0.905	0.127	7.103	＊＊＊
e10	0.566	0.080	7.045	＊＊＊
e16	0.367	0.083	4.413	＊＊＊
e19	0.367	0.052	7.088	＊＊＊
e21	0.482	0.077	6.240	＊＊＊
e12	1.492	0.212	7.053	＊＊＊
e13	0.840	0.119	7.076	＊＊＊
e15	0.693	0.175	3.959	＊＊＊
e7	0.726	0.109	6.677	＊＊＊
e6	0.401	0.063	6.385	＊＊＊
e1	0.784	0.136	5.756	＊＊＊
e20	0.543	0.078	6.949	＊＊＊
e11	1.570	0.237	6.623	＊＊＊
e14	0.905	0.130	6.959	＊＊＊
e9	0.832	0.117	7.108	＊＊＊
e4	0.291	0.051	5.716	＊＊＊
e3	0.481	0.076	6.296	＊＊＊
e18	0.633	0.090	7.038	＊＊＊
e17	0.520	0.088	5.885	＊＊＊

注：＊＊＊＜0.001

通过以上分析可知,区位结构方程的主要模拟参数都通过了检验,这说明本研究所模拟的区位结构方程模型是合理的。区位主要有内源、通道和区位场构成,上述三种构成要素相互作用,彼此影响,共同构成区位。

[本章小结]

区位是一个以土地为载体的经济空间场,这个经济空间场主要由内源、通道和区位场构成。区位内源、区位通道、区位场既是决定一个区域技术创新的关键因素,也是制约一个区域技术创新的关键因素。虽然区域创新能力形成是多种因素共同作用的结果,但就区位而言,主要是区位内源、区位通道和区位场共同作用的结果。通过优化区位,改进区位内源、区位通道、区位场,为 R&D 人员和企业家创造优越的适宜技术创新的环境,是突破区位约束,促进区域技术创新,进而提升区域创新能力的根本措施。

5 区域技术创新的区位约束模型

区位对区域技术创新具有约束作用。区位对区域技术创新的约束是通过内源、通道、区位场分别对区域开发网络中的市场创新、商务关系创新,对研究网络中的技术知识创新,对生产网络中的产品创新产生约束的。本章通过分析区位对区域技术创新约束的原理,建立区域技术创新的区位约束模型。

5.1 区位对区域技术创新的约束原理

根据复杂适应系统(CAS)理论,可以用回声模型中位置对适应性主体的约束解释区位对区域技术创新的约束。

5.1.1 回声模型

回声模型由位置、资源和适应性主体构成,如图 5.1 所示。位置是适应性主体活动的场所,在回声模型中,适应性主体的外部活动由一组互相连接的位置所规定。一个位置可容纳多个适应性主体,一个适应性主体在多个位置上交互作用。主体的主动性和适应性表现为它们在位置上移动,或进一步选择适合自己生存或发展的适宜位置。资源是不断向适应性主体提供为生存和发展所需要的某种物质、能量、信息等。资源供适应性主体消耗或使用,当丰富到足够程度时主体会繁殖,产生新的主体。回声模型提供了复杂适应系统中适应性主体活动所需的位置和资源条件。

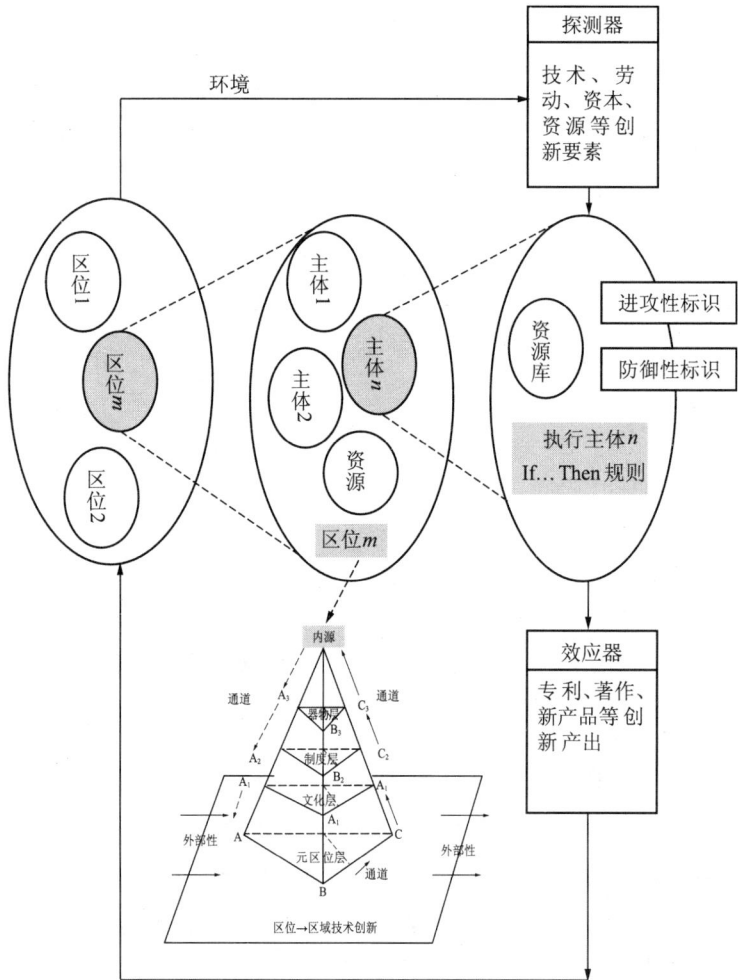

图 5.1 区域技术创新的区位约束原理
资料来源:根据"约翰·H.霍兰.隐秩序:适应性造就复杂性"整理

5.1.2 刺激—反应模型

关于复杂适应系统中适应性主体的活动机制,约翰·H.霍兰 (2000)用刺激—反应模型刻画。刺激—反应模型由执行系统、探测器、效应器三部分组成,其中,执行系统由适应新主体和"If...Then"规则组成。通常情况下,主体被刺激所包围,它所收到的信息比能够使用的要多得多。环境通过一组探测器将信息传递给主体。主体的行为用一组效应器来反应,每个效应器一旦被合适的消息所激活,它将对环境产生作用。在任何给定的时刻,主体的全部反应由在该时刻活动的一组效应器产生。适应性主体通过"If...Then"规则,对环境给予的各种信息做出条件反应,并将反应传递给效应器。

5.1.3　区位对区域技术创新的约束

区域创新系统就是一个复杂适应系统。"区位 1,区位 2,…,区位 m"是区域创新系统中的不同位置,"主体 1,主体 2,…,主体 n"是区域创新系统中的不同创新主体,企业、大学、科研院所、政府等都是区域创新系统中的执行主体。其中,企业是所有执行主体中的核心主体。在某一区位中,资源由内源、通道、区位场构成。区域创新主体在探测器中技术、劳动、资本、自然资源等创新资源的作用下,运用制度、文化等"If...Then"规则,在效应器中以"专利、著作、新产品"等形式做出技术创新反应。

5.2　研究模型与理论假设

不同区位因素对区域技术创新具有不同的约束作用。阿尔弗雷德·韦伯(1909)认为,区位因素是指优势经济活动发生在某个特定点或若干点上,而不是发生在其他点。优势是成本的节约,即在这个点上工业生产比其他地方生产的成本都低,在一个地方实现工业产品的整个生产过程和分配过程比其他地方更廉价。韦伯根据生产过程和分配过程,对组成价格(成本)的土地成本,建筑物、机器及其他固定资本的成本,获取原料、动力、燃料的成本,劳动力成本,运输成本,利率,固定资产折旧率等进行甄别,认为原料产地的相对价格幅度、劳动力和运输成本三者是所有工业的区域性区位要素。

韦伯强调有形区位要素对工业生产的影响,忽视了技术、信息、制度、文化等无形区位要素对工业生产的影响。在区域技术创新过程中,区位内源、通道、区位场对区域技术创新具有约束作用。

区域技术创新过程包括开发网络、研究网络、生产网络三个子过程。区域创新主体在生产网络中进行产品创新,需要以购买土地的形式获得区位位置,需要购买原料、动力、燃料,需要通过制造过程将原料加工成产品,需要运输产品销售。在韦伯强调的区位要素中,劳动要素中的企业家、研发人员对区域技术创新的约束较大。由于高技术企业的产品重量较轻,受交通运输约束较小,运输成本对区域技术创新的约束相对较小。风险资本虽然可以在区域之间随意流动,但本地风险资本的形成和投放受区域风险投资制度和风险投资文化的影响较大,本地风险投资对区域技术创新具有一定约束作用。所以,本研究认为,企业家、研发人员、风险资本、科研条件构成区域技术创新的主要有形区位内源。区域文化具有黏滞性,受区域自然条件和区域历史影响较大,理应属于区位要素。区域企业家制度、研发制度、创新融资制度是区域创新文化基因的产物,其执行力受区域创新文化的制约。离开区域创新文化支撑的区域技术创新制度可能出现水土不服现象。区域企业家制度、研发制度、创新融资制度与企业家文化基因、研发文化基因、风险投资文化基因一起构成区位内源的主要无形要素。

区域创新主体在研究网络中进行技术知识创新,需要知识转移,需要实验室等科研条件。同时,区域创新主体在开发网络中进行市场创新、商务关系创新,需要一定的信息传输通道。技术知识和信息的传输主要依赖各种信息通道,区位通道对区域技术创新的约束较大,不同的区位通道存在差异性,通道是构成区位的一个重要因素。

区位作为经济空间场,具有不同内源和通道的区位,具有不同的外部性。具有不同场力的区位,技术辐射和技术吸收能力不同,对企业家、研发人员、风险投资的吸引作用也不同,区际结网能力也不同。因而使区位场也成为一个重要区位要素。

　　根据上述研究,本研究提出假设 H:

　　H:区位对区域技术创新具有约束作用。

　　在区位内源、通道、区位场对区域技术创新所起的约束作用中,内源、通道、区位场都是通过区位对区域技术创新产生作用的。本研究根据区位内源、通道、区位场等区位要素对区域技术创新所起的约束作用,构建了图 5.2 的研究假设模型。

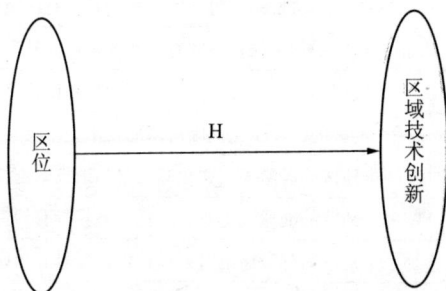

图 5.2　区位因素对技术创新的约束研究模型

5.3　研究方法

　　本研究假设设计了 25 个测量变量作为显变量,测量研究假设中的 4 个潜变量。为保证问卷的信度和效度,首先在 40 名被调查者中进行测试,结果显示,量表具有较好的信度和效度。调查问卷包括四部分:第一部分测量区位内源,共 10 个测量变量;第二部分测量区位通道,共 5 个测量变量;第三部分测量区位场,共 6 个测量变量;第四部分测量区域技术创新,共 4 个测量变量,如表 5.1 所示。为了简化计算,在构建结构方程仿真模型时,将"区位内源"、"区位通道"、"区位外部性"三个潜变量合并为一个潜变量"区位"。问卷中的每个测量变量均采用五点李克特法来测量其值,1 分代表"非常不同意",5 分代表"非常同意"。

表 5.1　测量区域技术创新的区位约束的量表

变　　量	量　　表
区位内源	1. 一个地区的原材料指数对当地技术创新具有约束作用
	2. 一个地区的劳动指数对当地技术创新具有约束作用
	3. 一个地区的技术指数对当地技术创新具有约束作用
	4. 一个地区的科研条件对当地技术创新具有约束作用
	5. 一个地区的企业家制度对当地技术创新具有约束作用
	6. 一个地区的研发制度对当地技术创新具有约束作用
	7. 一个地区的创新融资制度对当地技术创新具有约束作用
	8. 一个地区的企业家文化基因对当地技术创新具有约束作用
	9. 一个地区的研发文化基因对当地技术创新具有约束作用
	10. 一个地区的风险投资文化基因对当地技术创新具有约束作用
区位通道	11. 一个地区的交通通道对当地技术创新具有约束作用
	12. 一个地区的邮政通道对当地技术创新具有约束作用
	13. 一个地区的通信通道对当地技术创新具有约束作用
	14. 一个地区的 IT 网络通道对当地技术创新具有约束作用
	15. 一个地区的电视传输通道对当地技术创新具有约束作用
区位场	16. 区位对企业家的吸引作用对当地技术创新具有约束作用
	17. 区位对研发人员的吸引作用对当地技术创新具有约束作用
	18. 区位对风险投资的吸引作用对当地技术创新具有约束作用
	19. 区位的技术扩散能力对当地技术创新具有约束作用
	20. 区位的技术吸收能力对当地技术创新具有约束作用
	21. 区位的区际结网能力对当地技术创新具有约束作用
区域技术创新	22. 一个地区的市场创新受到当地区位的约束
	23. 一个地区的产品创新受到当地区位的约束
	24. 一个地区的商务关系创新受到当地区位的约束
	25. 一个地区的技术知识创新受到当地区位的约束

此次共发放问卷1 500份,样本所在区域分别为江苏、天津、广东。问卷的发放主要是通过与江苏大学、南京大学、南开大学、中山

大学合作举办的在职 EMBA 班、MBA 班、MPA 班、工程硕士班、教育硕士班等的学员进行问卷调查。其中因所填信息严重缺失或信息前后有出入而作废问卷 415 份,收回有效问卷 1 085 份,有效回收率 72.3%。本次成功调查的样本中,企业技术人员 385 人,占样本总数的 35.48%;大学及科研机构科研人员 270 人,占样本总数的 24.89%;企业高层管理人员 230 人,占样本总数的 21.20%;金融机构及地方政府人员 200 人,占样本总数的 18.43%。调查样本的结构与研究假设的结构基本一致,可以认为本次调查样本具有代表性。

5.4　数据分析

5.4.1　量表的信度分析

通过对整个量表进行信度分析发现,整个量表的 Cronbach α系数值为 0.772,区位、区域技术创新的 Cronbach α系数值分别为 0.726、0.739,这说明设计的量表的信度基本符合要求。

5.4.2　量表的效度分析

通过对各测量变量进行因子分析并进行正交旋转,用原材料指数、劳动指数、技术指数、科研条件、企业家制度、研发制度、创新融资制度、企业家文化基因、研发文化基因、风险投资文化基因、交通运输通道、邮政通道、通信通道、IT 网络通道、电视传输通道、对企业家的吸引作用、对研发人员的吸引作用、对风险投资的吸引作用、技术扩散、技术吸收、区际结网的问卷调查得分测量区位,用市场创新、产品创新、商务关系创新、技术知识创新的问卷调查得分测量区域技术创新。各测量指标在相应变量上的因子荷载均大于或接近0.5,如表 5.2 所示,说明量表中各潜变量的结构效度良好。

表 5.2　区域技术创新的区位约束变量旋转后的因子荷载阵

显　变　量	公　因　子	
	区位	区域技术创新
原材料指数	0.501	0.017
劳动指数	0.613	−0.270
技术指数	0.552	−0.171
科研条件	0.618	0.235
企业家制度	0.701	0.243
研发制度	0.516	0.121
创新融资制度	0.649	−0.327
企业家文化基因	0.618	0.017
研发文化基因	0.511	0.193
风险投资文化基因	0.620	0.256
交通运输通道	0.531	0.331
邮政通道	0.491	0.005
通信通道	0.517	0.417
IT 网络通道	0.480	0.297
电视传输通道	0.507	0.320
对企业家的吸引作用	0.623	0.221
对研发人员的吸引作用	0.489	0.219
对风险投资的吸引作用	0.515	−0.021
技术扩散	0.514	0.272
技术吸收	0.613	0.203
区际结网	0.495	0.220
市场创新	0.324	0.617
产品创新	−0.303	0.607
商务关系创新	0.009	0.557
技术知识创新	0.329	0.711

5.4.3　模型的拟合优度分析

拟合优度指标反映了结构模型整体的可接受程度。表 5.3 列出了结构方程主要拟合指数的推荐值和模型的实际值。通过推荐值和实际值的对比分析可知,模型较好地拟合了样本数据。

表 5.3　区域技术创新的区位约束拟合优度指数

项　目	x^2/df	RMSEA	CMIN/DF	CFI	IFI
推荐值	<3	<0.08	<5	>0.9	>0.9
实际值	1.97	0.069	4.162	0.903	0.915

5.4.4　模型的主要参数分析

通过用 Amos 软件对样本数据进行模拟,运行出区域技术创新的区位约束结构方程路径图,如图 5.3 所示。通过对路径参数进行检验可知,潜变量"区位"与"区域技术创新"之间的路径系数为 0.58,临界比 C.R.为 2.345,伴随概率为 0.017,明显大于 0.05,这说明假设 H 得到支持。即区位对区域技术创新具有约束作用。

在图 5.3 各显变量与潜变量的回归系数中,除"区位"与"邮政通道","区位"与"通信通道","区位"与"电视传输通道"之间路径系数因伴随概率 P 值偏大,没有通过检验,其余各显变量与潜变量之间的回归参数基本通过检验,能够正确反映区域技术创新的区位约束各显变量和潜变量之间的关系,如表 5.4 所示。在结构方程的截距估计中,各回归参数的临界比 C.R.的绝对值均较大,而且伴随概率明显小于 0.05,如表 5.5 所示;在方差估计中,各回归估计值的临界比 C.R.均较大,而且伴随概率明显小于 0.05,如表 5.6 所示,这说明结构方程截距和方差的估计值也通过了检验。

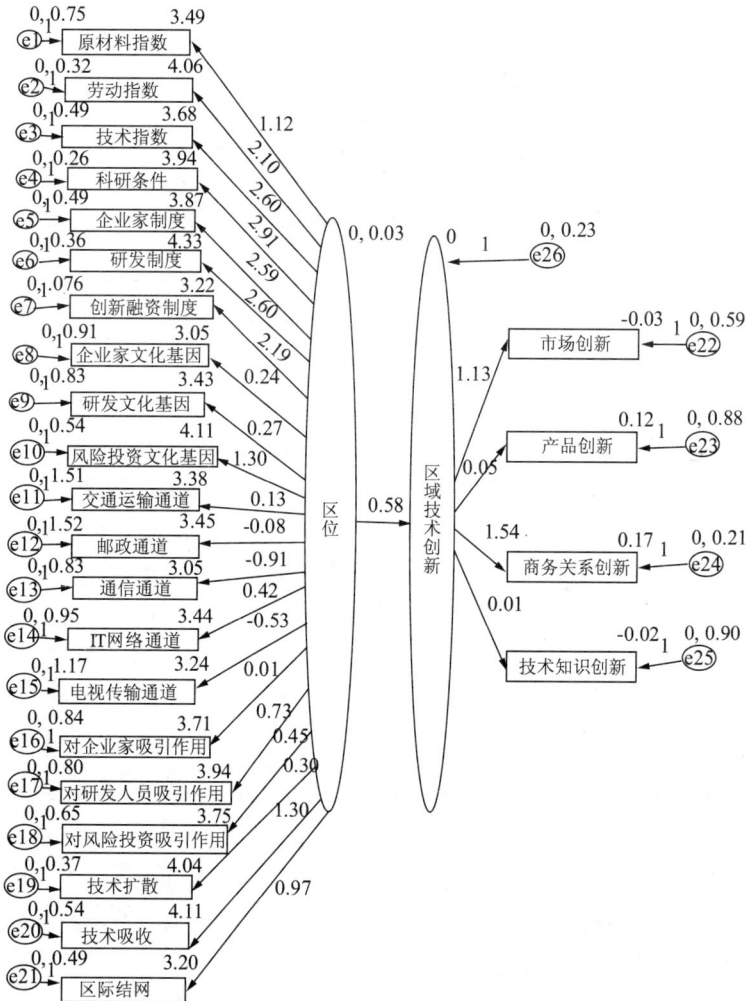

图 5.3　由 Amos 运行的区域技术创新的区位约束结构方程路径图

表 5.4 主要显变量与潜变量之间的参数估计值

显　变　量	关系	潜变量	Estimate	S.E.	C.R.	P	Label
区域技术创新	←	区_位	0.583	0.239	2.345	0.017	
研发文化基因	←	区_位	0.273	0.079	3.440	＊＊＊	
风险投资文化基因	←	区_位	1.298	0.676	1.920	0.045	
交通运输通道	←	区_位	0.132	0.061	2.159	0.027	
邮政通道	←	区_位	−0.082	0.828	−0.098	0.922	
通信通道	←	区_位	−0.913	0.692	−1.320	0.187	
商务关系创新	←	区域技术创新	1.542	0.277	5.565	＊＊＊	
产品创新	←	区域技术创新	0.046	0.011	4.210	0.034	
市场创新	←	区域技术创新	1.130	—	—	—	
技术知识创新	←	区域技术创新	0.006	0.003	1.969	0.018	
原材料指数	←	区_位	1.120	—	—	—	
劳动指数	←	区_位	2.095	0.841	2.492	0.011	
企业家文化基因	←	区_位	0.239	0.101	2.370	0.021	
创新融资制度	←	区_位	2.190	0.977	2.243	0.025	
研发制度	←	区_位	2.602	1.016	2.561	0.010	
企业家制度	←	区_位	2.589	1.038	2.493	0.013	
技术指数	←	区_位	2.604	1.045	2.492	0.013	
科研条件	←	区_位	2.907	1.101	2.640	0.008	
IT 网络通道	←	区_位	0.416	0.115	3.621	0.034	
电视传输通道	←	区_位	−0.531	0.751	−0.707	0.479	
对企业家吸引作用	←	区_位	0.012	0.006	2.019	0.025	
对研发人员吸引作用	←	区_位	0.733	0.346	2.117	0.026	
对风险投资吸引作用	←	区_位	0.450	0.227	1.979	0.042	
技术扩散	←	区_位	0.302	0.081	3.717	0.047	
区际结网	←	区_位	0.970	—	—	—	
技术吸收	←	区_位	1.298	0.444	2.921	0.035	

注：＊＊＊＜0.001

表 5.5　主要显变量截距估计值

显　变　量	Estimate	S.E.	C.R.	P	Label
原材料指数	3.490	0.088	39.598	＊＊＊	
劳动指数	4.059	0.067	61.018	＊＊＊	
技术指数	3.676	0.083	44.530	＊＊＊	
科研条件	3.941	0.071	55.702	＊＊＊	
企业家制度	3.873	0.082	47.235	＊＊＊	
研发制度	4.333	0.074	58.469	＊＊＊	
创新融资制度	3.216	0.094	34.191	＊＊＊	
企业家文化基因	3.049	0.095	32.156	＊＊＊	
研发文化基因	3.431	0.091	37.799	＊＊＊	
风险投资文化基因	4.108	0.076	53.949	＊＊＊	
交通运输通道	3.382	0.122	27.676	＊＊＊	
邮政通道	3.451	0.123	28.131	＊＊＊	
通信通道	3.049	0.092	33.249	＊＊＊	
IT 网络通道	3.441	0.097	35.462	＊＊＊	
电视传输通道	3.235	0.108	29.954	＊＊＊	
对企业家吸引作用	3.706	0.091	40.785	＊＊＊	
对研发人员吸引作用	3.941	0.090	43.769	＊＊＊	
对风险投资吸引作用	3.755	0.081	46.638	＊＊＊	
技术扩散	4.039	0.061	66.692	＊＊＊	
技术吸收	4.108	0.076	53.949	＊＊＊	
区际结网	3.196	0.071	44.913	＊＊＊	
市场创新	−0.030	0.013	−2.316	0.042	
产品创新	0.117	0.036	3.256	0.209	
商务关系创新	0.173	0.088	1.971	0.009	
技术知识创新	−0.021	0.005	−4.224	0.023	

注：＊＊＊＜0.001

表 5.6　主要潜变量和误差的方差估计值

变　量	Estimate	S.E.	C.R.	P	Label
区　位	0.029	0.021	1.386	0.016	
e26	0.229	0.082	2.797	0.005	
e24	0.210	—	—	—	
e1	0.750	0.107	7.019	＊＊＊	
e4	0.263	0.052	5.038	＊＊＊	
e5	0.487	0.078	6.226	＊＊＊	
e6	0.361	0.061	5.897	＊＊＊	
e7	0.757	0.113	6.707	＊＊＊	
e9	0.831	0.117	7.106	＊＊＊	
e10	0.538	0.078	6.912	＊＊＊	
e22	0.587	0.098	5.977	＊＊＊	
e25	0.897	0.126	7.111	＊＊＊	
e21	0.485	0.069	7.002	＊＊＊	
e20	0.538	0.078	6.912	＊＊＊	
e19	0.368	0.052	7.096	＊＊＊	
e18	0.650	0.092	7.092	＊＊＊	
e17	0.805	0.114	7.069	＊＊＊	
e16	0.835	0.117	7.111	＊＊＊	
e15	1.172	0.165	7.096	＊＊＊	
e14	0.947	0.133	7.100	＊＊＊	
e13	0.827	0.117	7.047	＊＊＊	
e12	1.522	0.214	7.111	＊＊＊	
e11	1.510	0.212	7.111	＊＊＊	
e8	0.908	0.128	7.107	＊＊＊	
e3	0.494	0.079	6.229	＊＊＊	
e2	0.321	0.052	6.231	＊＊＊	
e23	0.876	0.123	7.110	＊＊＊	

注：＊＊＊＜0.001

通过以上分析可知,以江苏、天津、广东为样本的区域技术创新的区位约束结构方程的主要模拟参数基本通过了检验,这说明以江苏、天津、广东为样本的区域技术创新的区位约束的结构方程模型是合理的,区位内源、通道和区位场对区域技术创新具有约束作用。

［本章小结］

区位对区域技术创新具有约束作用。在本章构建的区域技术创新的区位约束模型中,区位对区域技术创新的约束是通过内源、通道、外部性对区域开发网络中的市场创新、商务关系创新,对研究网络中的技术知识创新,对生产网络中的产品创新产生约束的。区位技术、资本、劳动等创新要素是环境施加给区域技术创新探测器的刺激,企业、大学及科研院所、政府等创新主体是区域技术创新的执行主体,专利、著作、新产品等是区域技术创新效应器对区域创新主体的技术创新反应,企业家制度、研发制度、风险投资制度等及相应的文化基因是区域创新主体进行技术创新时遵守的主要创新规则。区位对区域技术创新的约束是通过区位要素约束、创新规则约束和区位场约束产生的。

6 区位内源对区域技术创新的约束

区位内源包括元区位以及基于成本的原材料指数、劳动指数、技术指数,基于规则的企业家制度、研发制度、风险投资制度和相应的文化基因。区位内源对区域技术创新的约束是区域技术创新所受到的区位约束的根本。本章从元区位开始,通过分析区位内源要素对区域技术创新约束的过程和规律,揭示区域技术创新的区位约束规律。

6.1 元区位对区域技术创新的约束

区位内源要素是有层次的。根据对区域技术创新影响的距离,从间接到直接依次为元区位、文化层、制度层、器物层,元区位是最低层次的区位内源要素,如图 6.1 所示。

元区位是指以土地为依托的自然区位,包括土地、地形条件、气候条件、资源条件、土壤条件、水文地质条件等。元区位是其他区位要素的承载物,是最基础的区位。

6.1.1 元区位约束区域技术创新的蝴蝶效应

元区位对区域技术创新的约束属于初始条件约束。混沌理论认为,结果对初始条件具有敏感的依赖性。元区位对区域技术创新的约束也会产生蝴蝶效应。

元区位通过影响区域文化,进而影响区域制度和企业家、研发

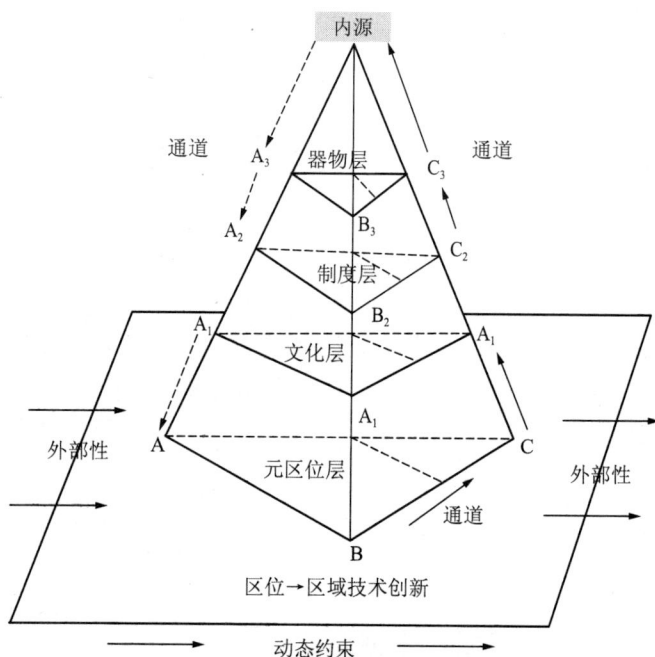

图 6.1　区位内源对区域技术创新的约束

人员的技术创新行为,对区域技术创新产生影响。一个区域的区位决定了该区域所处的地理环境条件,决定了该区域的地形、气候、水源、矿产资源、土地资源、生物资源等自然条件,而这些自然条件又制约和决定着该区域人们的生活习惯、价值观、思维方式、世界观、信仰等,即决定着该区域的文化基因。元区位差异是美国硅谷地区和 128 公路地区之间技术文化差异的主要原因之一。美国硅谷地区东部是旧金山海岸的一条狭长的地带,西部是圣克鲁斯山的丘陵。这种半岛形成的天然界限缩短了公司与公司之间的距离,促进了它们之间频繁地非正式的交流,从而保证了该地区快速的发展。在地理挑战和科技前沿挑战的共同推动下,美国西部先驱者们开创了稳妥可靠、行之有效的技术文化。而马萨诸塞州的科技公司广泛分布于 128 公路地区两侧,并逐步扩散到外围地带和洲际公路 495,被森林、湖泊和高速公路分隔开。这种建立在独立公司基础之上的工业体系有着规模优势和稳定性,但对于多变的市场和技术反应却较为迟钝。美国硅谷地区和 128 公路地区区位的差异造成了两个区域技术文化的差异,进而造成了它们技术创新水平的差异。

　　制度是一个社会的博弈规则,是一些人为设计的、型塑人们互动关系的正式约束。形成文化重要内容的信念系统是制度形成的基础。信念→制度→组织→政策→结果的演化方式导致了空前的经济福利,也导致了无休止的灾难和人类的痛苦。不确定性是制度产生的根源,制度通过为人们提供日常生活的规则来减少不确定性,界定并限制人们的选择集合,从而将人类社会由无序引向有序,建立起相对稳定的政治秩序、经济秩序和社会秩序。制度作为正式约束,能够补充和强化非正式约束的有效性,降低信息、监督以及实施的成本。制度是博弈规则,组织是博弈的参与者,制度和组织的交互作用形成了制度变迁。企业、大学和科研院所、政府等创新主体通过构建各种技术创新制度,规范和激励区域创新主体组织或个人的技术创新行为,形成一个区域技术创新的规则体系。区域技术、劳动、资本等创新要素在各种技术创新规则的指导下进行配置,并决定着各区域创新主体的创新产出。

　　由此可见,元区位虽然是区域创新主体进行技术创新所依赖的初始自然条件,但它具有约束区域技术创新的蝴蝶效应,能够通过对区域创新文化和创新制度的影响制约区域技术创新的发展。

6.1.2　元区位约束区域技术创新的途径

　　根据区位要素对技术创新产生作用的距离,区位内源要素分为元区位、区位文化层、区位制度层等不同层次。根据区域创新主体在区域技术创新活动中的地位和作用,区域创新主体可分为核心层和支撑层。企业是区域创新主体的核心层,其他创新主体通过向创新企业提供服务参与技术创新,支撑企业技术创新活动的开展。那么,区位各层次之间以及区域创新主体各层次之间如何相互作用,共同促进区域技术创新呢?

区位各层次之间以及区域创新主体之间相互作用的途径,也是元区位约束区域技术创新的途径。第3章在区位结构中已经提过,交通运输通道、邮政通道、通信传输通道、IT网络传输通道、电视传输通道是区位各层次之间以及区域创新主体之间创新资源和创新信息传输的重要通道,这些通道也是元区位作用于区域技术创新的通道。元区位通过上述通道,对区域创新文化和创新制度产生影响,进而为区域创新主体的技术创新活动提供创新规则。

6.1.3 克服元区位约束区域技术创新的路径选择

元区位具有的原始自然条件基本不可改变,由此形成区域黏滞性的文化和制度。但区域创新文化和创新制度对元区位具有反作用。通过开放性创新,将世界上相关产业的技术领袖和企业领袖纳入本区域的研究网络或生产网络,通过龙头研发机构或龙头企业的带动,将效率相对较高的创新文化和创新制度引入本区域,与本区域创新文化融合,提高本区域创新文化对技术创新产生的收益率。也就是说,通过引入外力改善区域创新文化的结构,是通过文化创新克服元区位约束区域技术创新的一条路径选择。

区域技术创新制度是政府、企业等创新主体为促进技术创新而制定的约束性规则。由于资源禀赋和区域创新主体禀赋的差异,不同区域的技术创新具有不同的特点。区域技术创新制度作为调整区域创新主体创新行为的"If...Then"规则只有从本区域的创新实际出发,才会真正对"探测器"和"效应器"产生调控作用,引导区域技术创新朝着科学的方向发展,进而提高区域技术创新的效率,使本区域创新主体的个人收益率高于社会收益率。通过制度创新实现内生增长、创新驱动是克服元区位约束区域技术创新的另一条路径选择。

6.2　区位规则对区域技术创新的约束

区位规则对区域技术创新的约束是指区域文化和区域制度对区域技术创新的约束。文化和制度作为区域技术创新规则,对区域创新主体的创新行为具有刺激或抑制作用。区域文化和区域制度一方面对创新资源配置具有重大影响;另一方面,对企业家、研发人员个人收益率与社会收益率的对比也起着杠杆调节作用。

6.2.1　创新文化对区域技术创新的约束

创新文化对区域技术创新的约束是一种隐规则约束。区域技术创新包括开发网络、研究网络、生产网络三个子过程。创新文化对区域技术创新的约束分别通过对开发网络中的市场创新和商务关系创新、研究网络中的技术知识创新、生产网络中的产品创新产生影响约束区域技术创新。

1) 创新文化对区域市场创新的约束

根据市场创新的程度,市场创新可分为渐进式市场创新和破坏式市场创新。通过区域技术创新的区位约束模型可以看出,创新文化中企业家文化基因对区位的影响系数为 0.239,研发文化基因对区位的影响系数为 0.273,风险投资文化基因对区位的影响系数为1.298。在区域技术创新过程中,市场创新对区域技术创新的影响系数为 1.130,在区域技术创新结构中对区域技术创新的影响程度较大。

市场创新的主体是企业家和技术专家。不同类型的区域创新文化结构,对市场创新的类型影响巨大。在企业家文化基因占主导地位的企业,通常实行市场导向技术创新战略,企业市场创新的模式通常采取渐进式创新;在研发文化基因占主导地位的企业,通常实行技术导向技术创新战略,企业市场创新的模式通常采取破坏式创新。随着知识经济的发展,企业家文化基因与研发文化基因已经出现融合的趋势。许多区域文化对市场创新模式的影响具有复杂性。

2）创新文化对区域商务关系创新的约束

在区域技术创新的区位约束模型中,商务关系创新对区域技术创新的影响系数为 1.542,在区域技术创新的所有显性变量中最高。说明商务关系创新对区域技术创新的影响程度最大。

区域创新主体通过与有关创新主体结成联盟实现商务关系创新,加速区域技术创新的步伐。根据商务关系相关主体在技术创新中的位置,商务关系创新可分为横向商务关系创新和纵向商务关系创新。横向商务关系创新又根据创新主体之间的关系可分为互补性商务关系创新和竞争性商务关系创新。横向商务关系创新主要发生在开发网络中,纵向商务关系创新主要发生在生产网络中。

商务关系创新是区域开发网络和生产网络的重要内容,不同创新文化对商务关系创新的类型影响不同。在企业家文化基因占主导地位的企业,企业商务关系创新的类型通常具有纵向特色,产业链联盟是该种商务关系创新的主要形式;在研发文化基因占主导地位的企业,企业商务关系创新的类型通常具有横向特色,互补性联盟和竞争性联盟是该种商务关系创新的主要形式。

3）创新文化对区域技术知识创新的约束

通过对调研结果进行分析发现,技术知识创新对区域技术创新的影响系数为 0.006,在区域技术创新的所有显变量中最小,说明技术知识创新对区域技术创新的重要性还没有引起足够重视。

技术知识创新是区域研究网络创新活动的主要目标。根据技术知识的可表述程度,技术知识创新可分为显性知识创新和隐性知识创新两种形式。显性技术知识创新主要通过显性技术知识组合化和隐性技术知识显性化实现。隐性技术知识创新主要通过隐性技术知识社会化和显性技术知识隐性化实现。不同创新文化对技术知识创新的形式具有重大影响。在企业家文化基因和风险投资文化基因占主导地位的区域,技术知识创新的形式以隐性知识创新

为主;在研发文化基因占主导地位的区域,技术知识创新的形式以
显性技术知识创新为主。

4) 创新文化对区域产品创新的约束

产品创新对区域技术创新的影响系数相对较小,在区域技术创
新的区位约束模型中为 0.046,说明人们在技术创新过程中重视通
过商务关系创新实现新产品市场化,轻视技术知识的应用。

开发网络、研究网络、生产网络是区域技术创新过程中互相嵌
套、彼此交叉的三个子过程,任何一个网络的短缺都会影响区域技
术创新过程的整体实现。区域创新主体对三个子过程的看法和重
视程度,从根本上受区域创新文化的制约。在以关系和资金为导向
的区域,重视技术创新的目的——新产品销售;在以技术为导向的
区域,重视技术创新的源头——技术知识创新;在以政府为导向的
区域,重视技术创新的加速——商务关系创新。

根据产品变化的程度,产品创新可分为渐进式产品创新和颠覆
式产品创新。对技术创新各子过程的不同态度影响产品创新形式
的具体决策。在企业家文化基因占主导地位的区域,企业产品创新
多采用渐进式创新的形式;在研发文化基因占主导地位的区域,企
业产品创新多采用颠覆式创新的形式。

6.2.2 创新制度对区域技术创新的约束

创新制度对区域技术创新的约束是一种显性规则约束。在区
域技术创新的区位约束模型中,区域创新制度中的企业家制度对区
域技术创新的影响系数为 2.589,研发制度对区域技术创新的影响
系数为 2.602,创新融资制度对区域技术创新的影响系数为 2.190。
按照从大到小排列,影响区域技术创新的制度显变量依次为研发制
度、企业家制度、创新融资制度。说明在区域创新制度结构中,研发
制度对区域技术创新的约束程度最大,创新融资制度对区域技术创
新的约束程度最小,企业家制度对区域技术创新的约束程度位于研
发制度和创新融资制度之间。

1）创新制度对区域市场创新的约束

市场创新就是发现新的需求，企业家是市场创新的主角。一个区域企业家的数量和质量除受当地文化影响外，还受到当地各种创新制度的制约。制度变迁的主角是那些能对根植于制度框架内的激励做出反应的企业家。制度变迁的源泉，则是变化着的相对价格与偏好。制度变迁通常由对构成制度框架的规则、规范和实施的复杂结构的边际调整所构成。

基于相对价格原则，一个区域企业家、技术专家的涌现受区域企业家制度、研发制度和创新融资制度的影响很大。区域政府是区域层次制度创新的主体，企业家是企业层次制度创新的主体，两者制度创新的程度对区域市场创新模式具有重大影响。如果区域制度创新中强调企业家对技术创新的作用，将形成关系导向的区域创新制度；如果区域制度创新中强调研发人员对技术创新的作用，将形成技术导向的技术创新制度。关系导向的技术创新制度重视渐进式市场创新对技术创新的作用；技术导向的技术创新强调破坏式市场创新对技术创新的作用。

2）创新制度对区域商务关系创新的约束

区域创新制度的结构对区域商务关系创新具有重要影响。由于技术创新存在不确定性，创新企业为了减小技术创新风险，经常通过商务关系创新，与其他创新主体结成各种联盟。区域自主创新联盟的成员结构受区域创新制度的制约。企业家制度完善的区域，经常形成企业导向的技术创新，区域自主创新联盟以企业为龙头形成。研发制度完善的区域，经常形成技术导向的技术创新，区域自主创新联盟以技术知识发源地的大学或科研院所为龙头。对于区域战略性新兴产业，则经常由政府牵头建立区域自主创新联盟。

3）创新制度对区域技术知识创新的约束

在区域技术创新过程中，区域创新主体不仅是制度约束的函数，也是其他约束的函数（如技术、收入、偏好等）。这些约束之间的相互作用型塑了企业家（经济的或政治的）潜在的财富最大化机会。

区域创新主体成员所要获得的知识、技能以及学问的种类,反映了蕴涵于制度约束中的报酬——激励。

区域不同的创新制度结构和创新偏好对技术知识创新形式具有影响作用。技术的发展凸显出技术变迁方式的路径依赖特征。假使技术是沿着一条特定的路径发展的,那么,在报酬递增的情况下,其他可选的路径和技术将被弃之于不顾,这样,发展也将完全被导入到一条特定的路径。区域不同的产业创新制度导向,对本地产业的技术创新具有重要影响。因为企业家所需要的信息和知识的种类,在很大程度上是特定制度背景的产物。内植于制度框架中的各种激励在型塑有效的技能和知识方面,起着决定作用。同时,区域不同的创新制度结构对创新主体采用显性知识创新还是采用隐性知识创新也具有影响作用。

4)创新制度对区域产品创新的约束

生产网络是区域技术创新的目的地,通过产品创新满足消费者现实或潜在的需求,是区域技术创新的目的。同时,只有通过生产网络,创新的技术知识才能实现商业化,才能为企业创造利润,为政府创造税金,为投资者创造收益,为顾客创造使用价值。出于急功近利目的,许多区域重视渐进式产品创新,轻视颠覆式产品创新。不同的产品创新制度对企业产品创新形式具有一定的导向作用。

6.3 器物性区位要素对区域技术创新的约束

器物性区位要素是指一个地理点上能对工业产生积极作用和吸引作用的一些生产要素。器物性区位要素对区域技术创新的约束主要表现为成本约束。自从柯布和道格拉斯建立柯布-道格拉斯生产函数以来,研究经济增长的学者们普遍认为,原材料、技术、劳动、资本是重要的生产要素。阿尔弗雷德·韦伯(1909)认为,原材料和劳动是制约工业生产的重要区位因素。由于资本流动性较强,本研究不考虑资本要素对区域技术创新的约束,只将原材料、劳动、技术作为约束区域技术创新的重要区位要素。

器物性区位要素具有异质性。器物性区位要素的异质性是由其构成要素的差异性及其组合形态的不同决定的。每个区位都占有空间的特殊位置,具有不完全相同的经济空间场,所以不存在两个完全相同的区位。通过区域技术创新的区位约束结构模型可知,原材料指数、劳动指数、技术指数对区位影响的系数分别为1.120、1.542、2.604,技术系数对区位的影响最大。下面分别对运输指数、劳动指数、技术指数对区域技术创新的约束进行分析。

6.3.1 运输指数对区域技术创新的约束

运输成本主要发生在供应链环节,运输指数对区域技术创新的约束主要体现在生产网络中对产品创新的约束。决定运输成本的基本因素是运输重量和运输距离,寻求吨公里最低点是工业企业区位选择的基本原则。所以,原材料指数(地方原材料与产品重量之比)是影响运输指数的重要因素。

原料产地以原料重量吸引区位,消费地以产品重量吸引区位。我们可以把区位确定的过程看作各个角之间的一种竞争,也就是在消费角和原料角之间的竞争。一般地说,具有高区位重(需要运移的每单位产品的总重量)的工业被引向消费地。高区位重的区位原料指数高,低区位重的区位原料指数低。从数学结论看,原料指数不大于1因而区位重不大于2的所有工业都配置在消费地。同时,纯原料绝不会把生产困在自己的原料产地上。因为它们被加工成产品时没有失重,原料产地分量上的重量总是几乎等于产品重量,所以它们的原料指数不会大于1。另一方面,失重原料也许把生产引向它们的原料产地,因为一些失重原料共同决定的原料指数大于1是必然的,即原料指数的分子一定等于或大于产品重量加地方原料的剩余重量。

由于区位资源禀赋的限制,原料指数和运输指数经常成为决定区域产业结构的重要因素。同时,原材料及其成本过高,逼迫区域技术创新,成为区域原材料创新或产品创新的重要动力之一。但是,随着运输技术的高速发展,运输指数对区域技术创新的约束越来越小。在区域技术创新的区位约束结构方程模型中,原材料指数对区位的影响系数为 1.120,低于劳动指数和技术指数对区域的影响,也说明了这种趋势。

6.3.2　劳动指数对区域技术创新的约束

工业的劳动力成本是指赋予特定生产过程的人类劳动支出,在知识经济时代,劳动力所消耗的能量的经济表达就是每单位产品的工资或薪金。但劳动力成本只有从一个地方到另一个地方发生变化时,它才能成为区位因素。阿尔弗雷德·韦伯(1909)认为,区位从运输成本最小点能够移到一个更有力的区位,只有在新地点劳动力成本可能产生的节约比为此追加的运输成本大的情况下才能发生。在区位图上,区位的某些等运费线对应于劳动力节约指数。因此,由运费线所体现的每吨产品偏差成本完全和每吨产品劳动力成本的节约相等。

劳动指数的种类和数量本质上决定于环境条件:① 区位图的地理位置和劳动力区位;② 运输价格;③ 劳动力成本指数实际压缩的百分比。另外区位重(特别是原材料指数)和劳动力成本指数对劳动指数也具有决定作用。

在劳动密集型产业中,劳动成本构成产品成本的绝大部分。劳动密集型企业为降低成本,将企业区位选择在劳动密集的地区。劳动密集型企业的劳动成本主要发生在产品生产环节,所以,劳动指数对劳动密集型产业技术创新的约束主要发生在生产网络,体现在对产品创新的约束。

6.3.3　技术指数对区域技术创新的约束

在区域技术创新的区位约束结构方程模型中,技术指数对区位的影响系数为 2.604,在所有区位内源因素中仅次于科研条件

(2.907)对区位的影响系数。由此可见,技术指数对区域技术创新的影响在整个区位因素中占重要地位。

高进田(2007)认为,区位要素本身体现于一种经济空间场,这种经济空间场往往具有较强的空间外部性和网络效应,具有"越用越多""越用越强"的特性,即生产对于区位要素的使用具有报酬递增的效果,如图 6.2 所示。其中,Q 为生产函数,A 为区位要素,$\theta > 1$。技术知识,特别是技术隐性知识作为一种区位因素,具有累积性特征,技术知识对区域技术创新的约束也具有报酬递增效应。

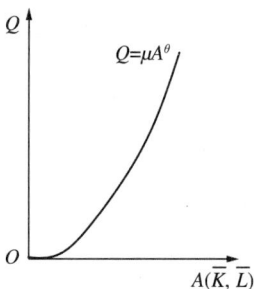

图 6.2 区位要素投入的生产函数

在知识密集型产业中,技术成本成为产品成本的主要组成部分。为降低成本,知识密集型企业往往将企业的区位选择在靠近大学的地区。之所以如此,主要是因为知识具有黏滞性,技术知识的扩散最先发生在其产生的大学或科研院所附近;另外,知识密集型企业近邻大学或科研院所,也便于知识密集型企业隐性知识与大学或科研院所显性知识的相互转化,便于它们实现技术知识创新。技术指数对知识密集型企业技术创新的约束主要发生在研究网络,主要通过技术知识的载体——劳动,对技术知识创新进行约束。

[**本章小结**]

区位内源包括元区位以及基于成本的原材料指数、劳动指数、技术指数,基于规则的企业家制度、研发制度、风险投资制度和相应的文化基因。区位内源通过通道相互作用,形成区位场,分别对区域技术创新产生约束作用。元区位是区域技术创新赖以存在的初始条件,它对区域技术创新的约束主要体现为初始条件约束。企业家制度、研发制度、风险投资制度及相应的文化基因对区域技术创新的约束主要体现为规则约束。原材料指数、劳动指数、技术指数作为区位要素,对区域技术创新的约束主要体现为成本约束。区位内源因素通过元区位、规则、成本,对区域技术创新产生制约作用,要促进区域技术创新,提升区域创新能力,需要采取措施,克服区域技术创新过程中的区位内源约束,将不利约束转变为促进作用。

7 区位通道对区域技术创新的约束

内源只是形成区位的一个基本条件,各种创新资源要在区域内部创新主体之间,或与其他区域的创新主体之间发生流动,必须依靠区位通道。区位通道决定区域创新资源流动的速度和使用的效率。研究区位通道对区域技术创新约束的规律,对促进区域技术创新具有重要意义。

7.1 区位通道约束区域技术创新的差异性

自从区位理论创立以来,历代区位经济学家都重视区位通道对区位经济空间场的作用。随着通道技术的飞速发展,区位通道日渐高级化、多样化。区位理论发展历史表明,区位通道技术创新是引起区位理论不断发展的一个重要因素。

杜能(1826)从创立区位理论开始就重视通道对区位的作用。在《孤立国》第一卷中,杜能假设在城市和它的郊区(农区)之间只有陆上大道联系,所有在城市中销售的农产品都沿着大道运往市场,没有运河与可通航的河流。在1850年出版的第二卷中,杜能粗略考虑到新的交通工具——铁路运输对农业区位模型的影响。他推算,由于铁路运输速度加快,运量增大,"孤立国"的范围要求大道直径495公里。他指出,在这样大的范围,应当考虑到气候差异的影响。杜能的区位理论是建立在中世纪交通工具的基础上的。

同杜能相比,韦伯(1909)重视现代交通运输方式。韦伯分析的运输系统是指当时在德国占主导地位的铁路系统及特定的运输价格。但韦伯出于简化问题的考虑,只假定存在单一的铁路系统。

克里斯塔勒(1933)重视交通条件对中心地形成的作用,他在分析交通对中心地的形成与分布的作用时,引述了德国人文地理学的奠基人拉采尔(F.Ratzel)"交通是城市形成的力"的著名论断,指出,交通是独立的经济因素,它起着"中间介质"的作用,使得物质(物资)的空间交换成为可能。由于运输必须克服一定的距离,付出高低不等的消耗,因此,在很大程度上影响到中心货物到达的范围,进而影响到中心地的规模、居民点之间的距离及空间分布等。廖什(1940)比克里斯塔勒早7年提出市场区位理论,并得出了相同的区位模型,但他假定区域内各个方向上具有相同的运输条件。其实,现实上并非像廖什假设的那样。

区位理论发展到现代,区位通道早已超出了交通运输的范围。随着知识经济的发展,信息、知识等无形要素在区域技术创新中所起的作用越来越大,将IT网络通道、通信通道、邮政通道等纳入区位通道已成为当代技术创新的迫切需求。区位通道存在多样性,IT网络、通信、邮政、交通等不同区位通道在约束区域技术创新过程中所起的作用具有差异性。

7.2 区位通道约束区域技术创新的路径

区位内源包括元区位、区位规则、区位生产要素、区位主体等,不同区位通道对区位内源产生约束的形式不同。区位通道通过约束区位内源要素的流动对区域技术创新产生影响,如图7.1所示。

7.2.1 区位要素途径

原材料、设备、新产品等有形创新资源的运输和流通,主要是通过铁路、公路、水运、航空等现代交通运输工具进行的。区位交通通道对区域技术创新的约束主要体现为对上述创新要素运输效率的影响。企业家、研发人员是区域技术创新的核心主体,是高技术企

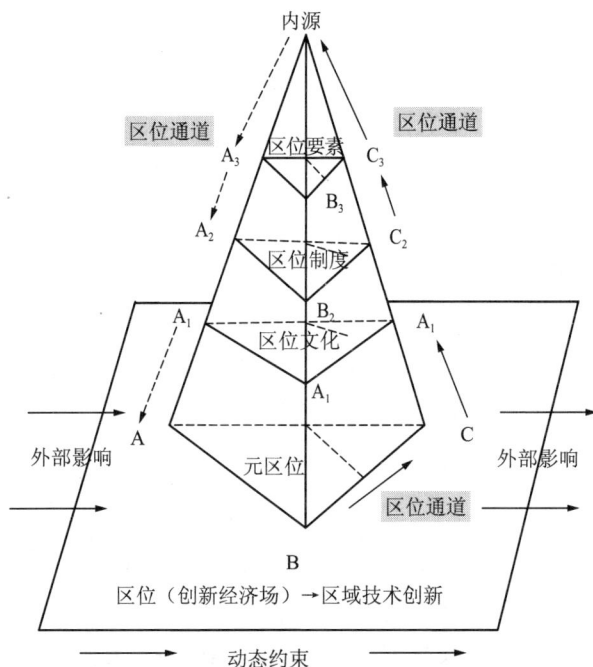

图 7.1　区位通道约束区域技术创新的路径

业的高管和白领阶层。他们学历高、收入高、工作效率高,对航空、高铁等现代交通运输条件要求较高。区位航空、高铁等现代交通运输条件是约束企业家和研发人员流动的一个重要因素。

就区域创新主体之间的创新资源流通而言,企业是区域创新主体的核心,其他创新主体所拥有的创新资源通过供给予企业,完成技术创新的市场化,实现技术创新的目的。

7.2.2　区位规则途径

区位文化和区位制度是区域创新主体在技术创新过程中遵守的规则。区位文化是隐性规则,区位制度是显性规则。从本质上说,区位文化、区位制度都是知识,区位文化是一种隐性知识,区位制度是一种显性知识。区位文化的传递靠语言和交往,区位制度的传递靠模仿,两者都离不开 IT 网络、通信、邮政等现代区位通道的支持。区域技术创新同区位规则一样,既有显性形式,也有隐性形式,其传播渠道离不开 IT 网络、通信、邮政等现代区位通道。

自从 Joseph Alois Schumpeter(1912)提出创新概念以来,国内外许多学者都在积极探索技术创新促进区域经济发展的规律,都在积极探索促进区域技术创新的途径。国外学者 Autio(1998)、Kuhlmann(2004)、Asheim 和 Isaksen(2002)、Andersson 和 Karlsson(2002)、Porter(1990)、Lundvall(1992)等和国内学者张志富(2000)、周亚庆(2001)、翁军奕(2003)、谭清美(2002)、顾新(2002)、丁焕峰(2001)等都对区域技术创新进行过深入研究,并建立了多种区域技术创新模型。但许多研究都将区位通道作为区域技术创新的环境,没有将区位通道作为一个单独的系统进行研究。区位通道是联系区域创新主体的纽带,是创新资源在区域内外创新主体之间进行交流的桥梁。区位通道既是形成区域创新能力的一个重要条件,又是独立的经济系统,具有系统特征。将区位通道作为一个系统进行研究,更能从整体上揭示区位通道在形成区域创新能力过程中的作用。

7.3 案例分析

本研究为揭示区位通道对区域技术创新的作用,以江苏省历史数据为例,建立了区位通道的系统动力学模型,通过分析各种仿真结果揭示区位通道约束区域技术创新的规律。

7.3.1 区位通道的现状

江苏省是中国区位通道比较发达的省份。2010 年,江苏省每百人平均电话用户 90.2 户,在全国居第 8 位;每百人平均国际互联网用户 27.14 户,在全国居第 8 位;三种交通方式的旅客吞吐量 183 383.2 万人,在全国居第一位;三种交通方式的货邮吞吐量

139 711.49万吨,在全国居第四位。江苏省的综合创新能力2010年在全国居第一位,与江苏省区位通道在全国的综合排名总体是一致的。

江苏省的创新能力能够在全国名列前茅,就区位通道而言,两者的发展趋势是一致的,如图7.2所示。区位通道的强势发展促进了创新资源在区域创新主体之间的流通,提高了各区域创新主体技术创新的效率,为江苏省创新能力的提升准备了通道条件。

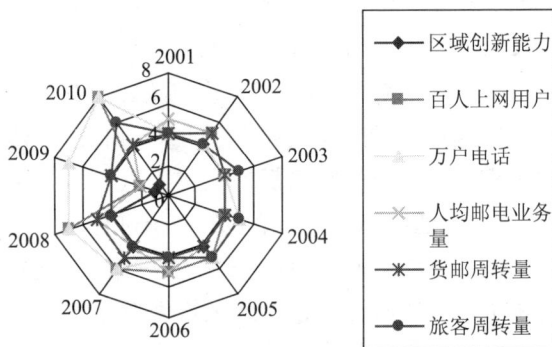

图7.2 2001—2010年江苏省创新能力与区位通道排名的对比

7.3.2 区位通道的系统动力学模型

1)系统结构分析

江苏省的区位通道是一个系统,江苏省各种具体区位通道的历史数据不但记载了江苏省区位通道形成、发展的历史,反映了江苏省区位通道与创新能力之间的关系,体现了区位通道促进江苏省技术创新的作用,而且预示着区位通道对江苏省未来技术创新约束的方向。本研究以江苏省2001—2010年的历史数据为依据,建立了江苏省区位通道系统动力学模型,可以描述江苏省2001—2010年区位通道约束区域技术创新的复杂情况,为进一步提升江苏省创新能力从区位通道方面找到治理措施。

有关创新主体将研发资金等创新资源投入区位通道系统,经过区域创新主体之间的相互作用,形成专利、著作等创新产出,并实现市场化。授权专利的变化影响区域 IT 网络、电视与电脑、电信等产业的发展,对区域 IT 网络使用量、电视与电脑使用量、移动和固定电话使用量的变化产生促进作用。江苏省 IT 网络、电视与电脑、移动和固定电话等通道使用量的变化影响到区域技术人员的工作和生活环境,影响到区域技术人员的数量和质量。区域技术人员的数量和质量与区位通道一起又反过来影响到区域内外的 R&D 投资。在这个过程中,通信使用存量又对邮政投递变化量和货物周转变化量产生影响,IT 网络使用量又对旅客周转变化量、电视与电脑使用变化量产生影响,两者又分别对江苏省的旅客周转量、电视与电脑使用量产生影响,进而影响到江苏省内外的创新投资。江苏省区位通道系统中的主要控制变量通过上述过程参与区域技术创新,促进江苏省创新资源在区域创新主体之间的流动,最终形成江苏省的创新能力。

影响江苏省区位通道的因素很多。通过文献研究和专家访谈,发现影响江苏省区位通道的因素主要集中在 IT 网络使用量、移动电话和固定电话等通信使用量、旅客周转量、货物周转量、邮政投递量、电视和电脑使用量等方面。通过对江苏省 IT 网络使用量、移动电话和固定电话等通信使用量、旅客周转量、货物周转量、邮政投递量、电视和电脑使用量六个变量 2001—2010 年历史数据的分析表明,六个变量与江苏省 R&D 投资的相关系数分别为 0.996 51、0.970 38、0.970 96、0.970 72、0.956 38、0.887 89,六个变量与江苏省申请授权专利的相关系数分别为 0.953 62、0.942 36、0.881 45、0.978 98、0.844 60、0.777 95,相关程度都很高,因此,将这六个变量作为江苏省区位通道系统的主要控制变量,研究江苏省的区位通道系统,如图 7.3 所示。通过六个变量在江苏省区位通道系统中的作用研究区位通道对江苏省技术创新约束的规律。

2) 模型及涉及的主要变量

(1) 主要方程

① $a = 0.005$

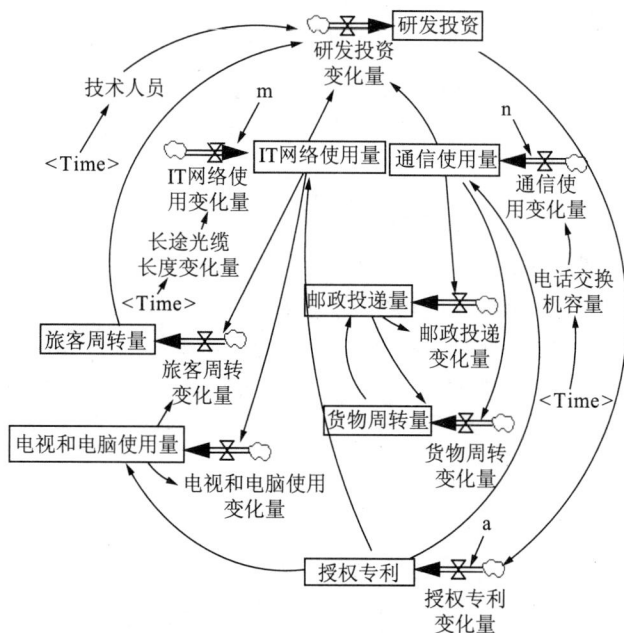

图7.3 江苏省技术创新的区位通道约束系统

Units：＊＊undefined＊＊

② FINAL TIME ＝ 2010

Units：Year

The final time for the simulation.

③ INITIAL TIME ＝ 2001

Units：Year

The initial time for the simulation.

④ IT 网络使用变化量＝m＊长途光缆长度变化量

Units：万户

⑤ IT 网络使用量＝ INTEG（－1.093＊IT 网络使用变化量＋0.036＊授权专利－53.33,6.985 6）

Units：万户

⑥ m＝0.025

　　Units：＊＊undefined＊＊

⑦ n＝0.05

　　Units：＊＊undefined＊＊

⑧ SAVEPER　＝ TIME STEP

　　Units：Year［0,?］

　　The frequency with which output is stored.

⑨ TIME STEP　＝ 1

　　Units：Year［0,?］

　　The time step for the simulation.

⑩ 技术人员 ＝ WITH LOOKUP（Time,

［(1999,0)－(2011,60)],(2001,23.35),(2002,23.63),(2003,
19.42),(2004,29.52),(2005,30.73),(2006,33.18),(2007,33.55),
(2008,38.17),(2009,38.11),(2010,43.79))

　　Units：万人

⑪ 授权专利＝ INTEG（0.09＊授权专利变化量,3 787）

　　Units：件

⑫ 授权专利变化量＝a＊(0.011＊研发投资^1/3＋0.1017＊研
发投资＋162 740)

　　Units：件

⑬ 旅客周转变化量＝－0.012＊IT 网络使用量＋0.001＊电视
使用量^1/2＋85.33

　　Units：亿人公里

⑭ 旅客周转量＝ INTEG（46.69＊旅客周转变化量,680.02)

　　Units：亿人公里

⑮ 电视使用变化量＝0.162＊IT 网络使用量^1/4－0.002＊电
视使用量＋660.98

　　Units：万台

⑯ 电视使用量＝ INTEG（0.794 * 授权专利－14.814 * 电视使用变化量＋22 000,7 902.14）

Units:万台

⑰ 电话交换机容量 ＝ WITH LOOKUP（Time,

[（1999,1 000）－（2011,5 000）],（2001,1 292.23）,（2002,1 370）,（2003,1 724.72）,（2004,2 011.73）,（2005,2 218.82）,（2006,1 939.68）,（2007,1 968.18）,（2008,2 134.04）,（2009,4 578.69）,（2010,4 718.4））

Units:万门

⑱ 研发投资＝ INTEG（16.65 * 研发投资变化量,97.97）

Units:亿元

⑲ 研发投资变化量＝－0.105 * IT 网络使用量＋8.375 * 技术人员＋0.019 * 旅客周转量＋0.045 * 通信使用量－202.84

Units:亿元

⑳ 货物周转变化量＝－0.29 * 通信使用量＋6.59 * 邮政投递量^1/4－82.44

Units:亿吨公里

㉑ 货物周转量＝ INTEG（20.8 * 货物周转变化量＋4 079,1 353.23）

Units:亿吨公里

㉒ 通信使用变化量＝n * 电话交换机容量

Units:亿元

㉓ 通信使用量＝ INTEG（0.039 * 授权专利＋0.475 * 通信使用变化量－66.83,154.43）

Units:亿元

㉔ 邮政投递变化量＝－0.015 * 通信使用量＋0.339 * 邮政投递量^1/4＋5.129

Units:亿元

㉕ 邮政投递量＝ INTEG (0.018 ＊ 货物周转量＋0.293 ＊ 邮政投递变化量－19.42,13.38)

Units:亿元

㉖ 长途光缆长度变化量 ＝ WITH LOOKUP (

Time,

[(1999, 200) － (2011, 8000)], (2001, 512), (2002, 592), (2003,202), (2004,2605), (2005,3595), (2006,6635), (2007, 3454),(2008,1787),(2009,698.8),(2010,289.5))

Units:波长公里

(2) 主要变量

a

FINAl TIME

INITIAL TIME

IT 网络使用变化量

IT 网络使用量

m

n

SAVEPER

Time

TIME STEP

技术人员

授权专利

授权专利变化量

旅客周转变化量

旅客周转量

电视使用变化量

电视使用量

电话交换机容量

研发投资

研发投资变化量

货物周转变化量

货物周转量

通信使用变化量

通信使用量

邮政投递变化量

邮政投递量

长途光缆长度变化量

3）模型的检验与评估

将前面主要方程所建立的江苏省区位通道系统动力学模型用计算机语言表达后上机运行,应用 Vensim 软件所提供的编译检错和跟踪功能检验了模型表达式的正确性,结果表明模型的建立是合理的。另外,通过对 2001—2010 年江苏省区位通道系统状态变量的仿真值与历史数据的比较,显示二者拟合程度比较好,证明所建立的江苏省技术创新的区位通道系统动力学模型是有效的。

对模型方程和参数值的变化检验表明,这些变化对江苏省区位通道系统动力学模型行为的影响很小,而且在特定干扰和随机干扰下,系统都能实现特定的目标。这说明所建立的江苏省技术创新的区位通道约束系统是稳定的。如将"IT 网络使用变化量(t)、旅客周转变化量(t)、通信使用变化量(t)"的参数改变后,对"IT 网络使用变化量(t)、旅客周转变化量(t)、通信使用变化量(t)"等变量的影响不大,系统都能实现预定的目标,证明系统是有效的。

4）模型仿真结果分析

（1）对研发投资与申请授权专利仿真结果的分析　研发投资和申请授权专利是反映区域技术创新的两个主要指标。江苏省2001—2010 年 R&D 投资流量的变化呈"之"字形走势,2001—2003年 R&D 投资各年的变化是逐年增加的,其中2003—2004 年增加速度较快,2001—2003 年增加速度相对比较缓慢。2004—2008 年增加速度较快,2008—2010 年,江苏省 R&D 投资速度有所放缓,如图 7.4 所示。这主要是受科技活动经费收入来源影响的结果。江苏省科技活动经费主要有上级拨款、自筹资金、银行贷款和其他收入四种来源,其中自筹资金占比重最大。其次是上级拨款,这两项资金直接决定着江苏省 R&D 投入的变化。江苏省2001—2009 年每年自筹资金与上年相比的变化量分别为－5.55 亿元、8.7 亿元、16.03 亿元、58.66 亿元、48.68 亿元、39 亿元、140.22 亿元、51.52亿元、87.8 亿元,其变化趋势与江苏省 R&D 投资流量的变化基本相同。

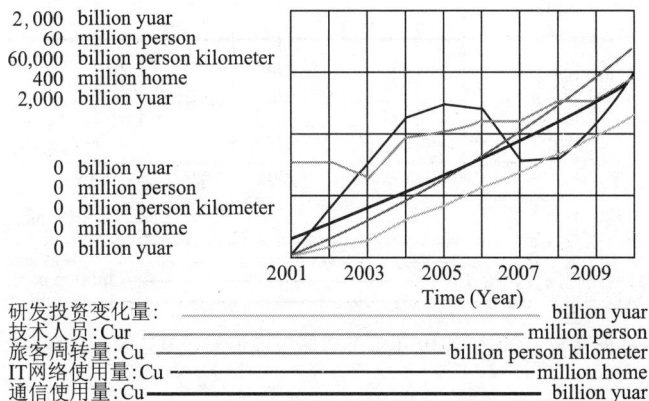

图 7.4　2001—2010 年江苏省区位通道对申请授权专利的约束

江苏省 2001—2010 年申请授权专利流量的变化表明,江苏省发明、实用新型和外观设计三种授权专利的变化呈增长趋势,授权专利变动曲线 2001—2004 年平稳发展,2004 年以后,增长速度加快。说明江苏省的申请授权专利 2001—2004 年变化不大,从 2004 开始增长速度有所加快,如图 7.5 所示。与申请授权专利流量的变化对应,江苏省申请授权专利存量的增加速度也明显加快,但从时间上比申请授权专利流量的变化时间稍微滞后一点,而且授权专利存量的增长相对比较平稳。

通过比较江苏省 2001—2010 年 R&D 投资和申请授权专利流量的变化可知，R&D 投资流量在 2003 年以前变化较小，从 2003 年开始增长速度有所加快；申请授权专利在 2004 年以前变化较小，从 2004 年开始增长速度有所加快。申请授权专利的变化趋势与研发投资的变化方向基本一致，但变化点同研发投资相比，相对滞后一段时间。江苏省 2001—2010 年的研发投资和申请授权专利流量总体上是呈增长趋势的。

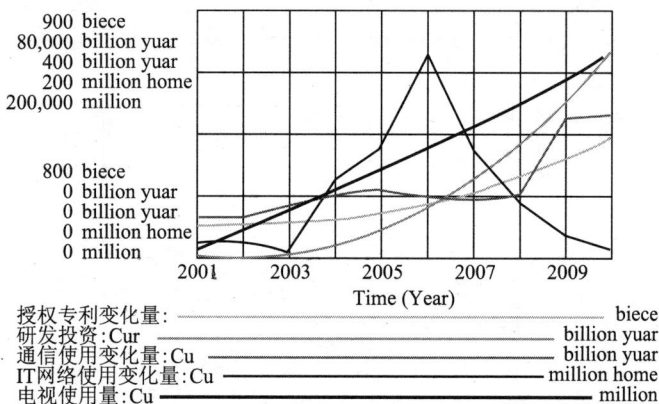

图 7.5　2001—2010 年江苏省区位通道对研发投资的约束

（2）对研发投资与区位通道仿真结果的分析　在江苏省的区位通道系统中，研发投资主要受技术人员、旅客周转量、IT 网络使用量、通信使用量的影响。在影响程度上，技术人员对江苏省研发投资的影响最大，影响系数达到 8.375。其他几个变量对江苏省研发投资的影响相对较小，旅客周转量的影响系数为 0.019，IT 网络使用量的影响系数为 0.105，通信使用量的影响系数为 0.045。

江苏省技术人员 2001—2010 年的变化分为以下几个阶段：2001—2002 年，江苏省的技术人员总数变化不大，处于相对静止状态。2002—2003 年，江苏省的技术人员总数呈现下降趋势。2003—2004 年，江苏省的技术人员总数呈现快速增长势头。2004—2006 年，江苏省的技术人员总数增长趋势放缓。2006—2007 年又呈现相对稳定状态。2007—2008 年,江苏省的技术人员总数又呈现缓慢增长趋势。2008—2009 年,江苏省的技术人员总数又出现相对稳定状态。2009—2010 年,江苏省的技术人员总数又呈现快速增长势头。通过江苏省技术人员总数 2001—2010 年的变化趋势可以看出,江苏省技术人员总数的变化呈现周期性特点,即经历了相对静止稳定—缓慢增长—快速增长—相对稳定几个阶段。

江苏省旅客周转量存量的变化从 2001—2010 年一直呈现增长趋势。由于受 IT 网络使用量和电视、电脑使用量等区位通道的影响,江苏省区位通道发达。江苏省的扬州、苏州等城市在中国历史上久负盛名,旅游业发达,吸引了大量中外游客。同时,江苏省的港澳台商经济和外资经济发达,吸引了大量的来自其他区域的务工人员。上述几个原因导致江苏省的旅客周转流量从 2001—2010 年一直呈现增长趋势。江苏省 2001—2010 年旅客周转各年的变化量分别为 89.1972 亿人公里、96.0916 亿人公里、103.218 亿人公里、110.428 亿人公里、118.643 亿人公里、127.424 亿人公里、137.459 亿人公里、146.741 亿人公里、155.749 亿人公里、164.667 亿人公里。

江苏省 2001—2010 年 IT 网络使用量的变化分为以下几个阶段:2001—2004 年,江苏省 IT 网络的使用量呈快速增长趋势;2004—2005 年江苏省 IT 网络的使用量增长缓慢增加;2005~2006 年江苏省 IT 网络使用量呈缓慢下降;2006—2007 年江苏省 IT 网络使用量出现快速下降趋势;2007—2008 年变化趋势平稳,2008 年在 2007 年使用水平的基础上徘徊;2008—2010 年,江苏省 IT 网络使用量又呈现快速增长趋势。江苏省 IT 网络使用量出现上述变化趋势,主要是受有关 IT 技术专利的影响所致。

江苏省通信使用量 2001—2010 年一直呈快速增长趋势,各年变化幅度不大。江苏省通信使用量 2001—2010 年快速增长的趋势与江苏省研发投资的增长趋势是基本一致的。江苏省通信通道的迅速发展为各区域创新主体之间迅速交流创新资源和创新信息提供了重要的通道条件。

由上面分析可知,在江苏省区位通道系统中,从 2001—2010 年,旅客周转量、通信使用量与研发投资的发展趋势是基本一致的,IT 网络使用量和技术人员总数虽有波动现象,但总的趋势仍然是上升的。正是各种区位通道不断地发展,才为江苏省各区域创新主体之间进行创新资源和创新信息的交流提供了便利的通道条件,从而促进了江苏省创新能力的不断提高。

(3) 对授权专利与区位通道仿真结果的分析 江苏省的主要区位通道在促进研发投资不断增长的同时,也对授权专利具有重要影响。正是江苏省区位通道各种相关技术的不断发展,才为江苏省各种区位通道的发展提供了不竭的动力,保证了江苏省区位通道发展的连续性。在江苏省区位通道系统中,申请授权专利主要在研发投资的影响下,促进了通信使用量,IT 网络使用量和电视、电脑使用量的发展。

江苏省申请授权专利量和研发投资 2001—2010 年都一直呈上升趋势。其中 2004 年以前增长速度较慢,2004 年以后,增长速度有所加快。江苏省申请授权专利的变化与研发投资的变化是基本一致的,体现了研发投资对江苏省申请授权专利增长的驱动性。

江苏省通信使用量 2001—2010 年的变化分为以下几个阶段:2001—2005 年,江苏省通信使用量呈平稳增长趋势;2005—2008 年,江苏省通信使用量出现下降趋势;从 2008 年开始,江苏省通信使用量出现快速增长势头,一直持续到 2009 年;2009—2010 年,江苏省通信使用量的增长速度有所放缓。江苏省通信使用量从 2001—2010 虽然有波动现象,但总的发展趋势是上升的。

江苏省 IT 网络使用量 2001—2010 年的变化呈明显的山峰状。2001—2002 年,江苏省 IT 网络使用量呈平稳发展,2002 年以后出现下降趋势;2003—2004 年,江苏省 IT 网络使用量出现快速增长趋势,到 2004 年,增长速度有所放缓;2005 年以后又出现快速增长趋势;2006 年以后,江苏省 IT 网络使用量出现下降趋势,其中,2006—2007 年下降速度较快,2007 年以后下降的速度逐渐趋于平缓。江苏省 IT 网络使用量出现上述变化,是由于受相关技术影响所致。这种变化虽然对研发投资影响不明显,但在一定程度上影响到江苏省各区域创新主体之间创新资源和创新信息交流的速度,从而降低了江苏省技术创新的效率。

总之,通过江苏省的区位通道系统的仿真结果可以看出,在江苏省的区位通道系统中,研发投资是江苏省申请授权专利的原动力,直接促进区域技术创新的发展。江苏省申请授权专利的发展体现了区位通道有关技术创新的发展,又形成江苏省区位通道中 IT 网络、通信、邮政、旅客和货物周转通道、信息通道等发展的动力。江苏省区位通道的发展又形成研发投资的原动力,但是,在江苏省的区位通道系统中,各种具体区位通道对区域内外研发投资的影响不是直接的,而是通过对技术人员的影响间接影响区域内外研发投资的。提升江苏省的创新能力,就区位通道而言,既应从物质通道中的交通运输通道、邮政通道等着手采取措施,从信息传输通道中的通信通道、IT 网络通道、电视通道等采取措施,更应通过对这些通道的改善,形成有利于区域技术人员进行技术创新的条件,不断提升区域技术人员进行技术创新的能力。高素质的技术人员才是吸引研发投资的最直接的因素,区位通道只是吸引研发投资的必不可少的重要客观条件。

7.3.3 区位通道的省内分析

1) 区位通道省内因子分析

为分析区位通道对江苏省 13 市技术创新的约束,经过对专家进行深度访谈,选出 7 项能够准确反映江苏省区位通道的指标,作为江苏省 13 市区位通道的评价指标。其中,X_1 为邮电业务收入

(亿元),X_2为本地电话用户(万户),X_3为年末移动电话用户(万户),X_4为国际互联网用户(万户),X_5为人均拥有道路面积(平方米),X_6为每万人拥有公共交通车辆(标台),X_7为出租汽车营运车数(辆)。用上述指标建立的江苏省13市2010年区位通道评价指标体系如表7.1所示。

表7.1　江苏省13市区位通道评价指标体系

城　市	X_1	X_2	X_3	X_4	X_5	X_6	X_7
南京市	75.58	331.94	541.54	83.05	17.1	14.8	9 997
无锡市	45.91	179.22	316.63	40.83	21.6	14.5	3 840
徐州市	16.26	114.67	103.8	26.13	12.9	17.8	3 559
常州市	34.95	149.52	236.27	33.94	18.4	15.2	2 142
苏州市	54.31	180.46	385.09	49.03	27.3	15.5	3 203
南通市	14.66	58.63	96.7	9.68	15.5	11.4	1 277
连云港市	8.31	46.85	62.08	8.37	20.2	6.3	2 110
淮安市	10.44	85.14	76.6	11.89	13.9	8.3	903
盐城市	5.69	59.58	88.63	9.73	17.5	6.5	810
扬州市	11.95	66.02	89.71	17.22	16.8	13.3	1 967
镇江市	9.81	67.46	76	14.37	16.6	10.3	1 254
泰州市	6.1	31.33	51.35	8.53	19.5	4	740
宿迁市	5.26	39.6	49.2	3.95	15.7	7.7	713

　　将表7.1数据进行标准化,表7.1指标的KMO值为0.791,趋近于1,Barlett球度统计量=145.071,比较大;sig=0,这说明选择的数据适合作因子分析。对表7.1中的数据进行因子分析,求R的特征值、贡献率和累计贡献率,由表7.2所示。

　　由表7.2和碎石图(图7.6)可知,前两个因子包括了原始数据信息量的91.063%。由方差最大正交旋转因子载荷阵(表7.3)可知,F_1在X_1、X_2、X_3、X_4、X_6、X_7上载荷较大,它们主要从非道路通道方面反映江苏省 13 市区位通道的状况，称 F_1 为非道路通道因子；F_2 在 X_5 上载荷较大，X_5 为人均拥有道路面积，称 F_2 为道路因子。

表 7.2 江苏省 13 市区位通道指标旋转因子载荷阵的
特征值、贡献率、累计贡献率

Component	Initial Eigenvalues			Rotation Sums of Squared Loadings		
	Total	% of Variance	Cumulative %	Total	% of Variance	Cumulative %
1	5.270	75.280	75.280	5.235	74.781	74.781
2	1.105	15.783	91.063	1.140	16.282	91.063
3	0.502	7.173	98.236			
4	0.101	1.438	99.674			
5	0.012	0.175	99.848			
6	0.008	0.116	99.964			
7	0.003	0.036	100.000			

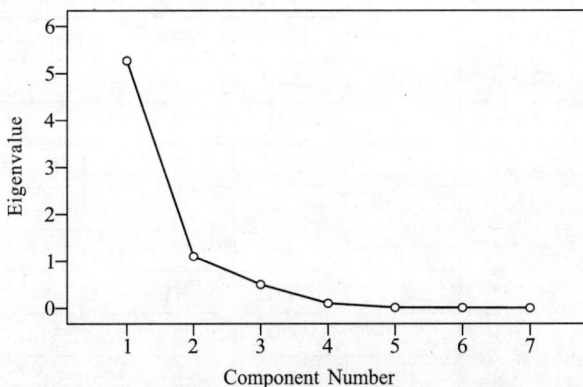

图 7.6 江苏省 13 市的区位通道因子分析碎石图

表 7.3　江苏省 13 市的区位通道指标旋转因子载荷阵

指　　　标	公　因　子	
	F_1	F_2
邮电业务收入(X_1)	0.967	0.220
本地电话用户(X_2)	0.989	0.040
年末移动电话用户(X_3)	0.960	0.243
国际互联网用户(X_4)	0.990	0.085
人均拥有道路面积(X_5)	0.046	0.982
每万人拥有交通车辆(X_6)	0.740	−0.232
出租汽车营运车数(X_7)	0.932	−0.068

以 F_1、F_2 的信息贡献率作为权数,计算江苏省 13 市 2010 年区位通道的综合得分,公式为 $Z_i = 0.826\ 7F_1 + 0.173\ 3F_2$,其中 Z_i($i = 1, 2, \cdots, 13$)为江苏省 13 市区位通道的因子得分,F_i 的系数为各因子的信息贡献率权数。据此计算的江苏省 13 市区位通道综合得分及排序如表 7.4 所示。

表 7.4　江苏省 13 市的区位通道因子得分、总评价得分及排序表

城　　市	非道路通道因子(F_1)		道路通道因子(F_2)		综合得分	
	得分	排序	得分	排序	得分	排序
南京市	1.989	1	2.337	1	2.049	1
无锡市	0.801	3	0.811	3	0.803	3
徐州市	−1.378	13	0.164	5	−1.111	13
常州市	0.005	4	0.426	4	0.078	4
苏州市	1.257	2	1.015	2	1.215	2
南通市	−0.783	11	−0.439	7	−0.793	11
连云港市	0.181	5	−0.654	10	0.036	5
淮安市	−0.979	12	−0.545	9	−0.904	12
盐城市	−0.274	7	−0.691	11	−0.346	7
扬州市	−0.642	9	−0.289	6	−0.581	9

城　市	非道路通道因子(F₁)		道路通道因子(F₂)		综合得分	
	得分	排序	得分	排序	得分	排序
镇江市	-0.582	8	-0.48	8	-0.564	8
泰州市	0.141	6	-0.874	13	-0.035	6
宿迁市	-0.651	10	-0.783	12	-0.775	10

2) 区位通道因子分析的辅助聚类分析

为了更清楚地分析江苏省 13 市区位通道对技术创新的约束,根据江苏省 13 市的区位通道主要指标,对江苏省 13 市区位通道的排名进行聚类分析。经过聚类分析,将江苏省 13 市的区位通道分为 4 类,如表 7.5 所示。

表 7.5　江苏省 13 市区位通道分类表

因　子	内部通道发达程度			
	第 1 类(强)	第 2 类(较强)	第 3 类(一般)	第 4 类(较弱)
非道路因子	南京、苏州	无锡、常州、连云港、泰州	盐城、镇江、扬州、宿迁	南通、淮安、徐州
道路因子	南京、苏州、无锡	常州、徐州、扬州	南通、镇江、淮安	连云港、盐城、宿迁、泰州
综合因子	南京、苏州	无锡、常州、连云港、	泰州、盐城、镇江、扬州	宿迁、南通、淮安、徐州

通过对江苏省 13 市区位通道进行聚类分析可以发现,江苏省的区位通道具有一定的形成规律。由表 7.5 可知,南京市、苏州市的区位通道分别在全省排名第 1、第 2,是江苏省 13 市中区位通道比较发达的市。南京是江苏省的省会,历史悠久,无论在道路通道还是非道路通道方面,都具有很好的发展基础。苏州紧邻上海,是全国有名的旅游城市,又是港澳台商企业在江苏省的主要聚集地,区位通道也比较发达。

无锡市、常州市、连云港市的区位通道分别在江苏省排名第 3、4、

5,属于江苏省区位通道比较发达的城市。泰州市、盐城市、镇江市、扬州市的创新区位通道分别在江苏省排名第 6、7、8、9,属于江苏省区位通道一般的城市。宿迁市、南通市、淮安市、徐州市的区位通道分别在江苏省排名第 10、11、12、13,属于区位通道比较落后的城市。

　　3）江苏省 13 市区位通道与区域创新能力的对比

　　为将江苏省 13 市的区位通道与其创新能力进行对比,经过多次分析,选出 12 项能够比较准确地反映江苏省创新能力的指标,作为江苏省 13 市创新能力的评价指标。本研究所用数据来自《江苏统计年鉴》和《江苏科技年鉴》。其中 X_1 为大中型企业数(个)、X_2 为企业 R&D 人员占企业职工比例(%)、X_3 为每 10 万人口授权专利数(件 /10 万人)、X_4 为企业科技支持力(%)(企业 R&D 经费 / 企业销售收入)、X_5 为金融机构科技支持力(%)(科技与技改贷款 / 银行贷款余额)、X_6 为政府科技支持力(%)(政府科技拨款 / 政府财政支出)、X_7 为人均计费邮电业务总量(元 / 人)、X_8 为百户家庭电脑拥有量(台 / 百户)、X_9 为技术中介机构从业人员素质(%)(技术中介机构科学家工程师人数 / 技术中介机构从业人数)、X_{10} 为技术市场成交合同金额(千元)、X_{11} 为区域技术人员素质(%)(科学家工程师人数 / 区域专业技术人员数)、X_{12} 为万人口科技人员(人 / 万人)。用上述指标建成的江苏省 13 市 2009 年区域创新能力评价指标体系如表 7.6 所示。

表 7.6　江苏省 13 市区域创新能力评价指标体系

城市	X_1	X_2	X_3	X_4	X_5	X_6	X_7	X_8	X_9	X_{10}	X_{11}	X_{12}
南京市	247	2.39	36.35	0.8	0.85	2.26	1 083.83	53.82	86	10 533	72.3	579.69
无锡市	328	1.28	46.26	0.76	1.11	1.73	1 378.98	47.85	92	4 100	60.76	798.27
徐州市	62	1.29	8.42	0.74	8.48	1.44	391.86	19.93	98	1 320	52.49	240.95
常州市	215	1.38	35.26	0.76	1.63	2.24	991.80	33.86	94	0	40.19	642.88
苏州市	414	0.84	54.58	0.52	0.72	1.8	1 635.1	48.8	89	0	71.77	677.98

城市	X_1	X_2	X_3	X_4	X_5	X_6	X_7	X_8	X_9	X_{10}	X_{11}	X_{12}
南通市	82	1.14	10.27	0.56	1.96	2.05	1 117.94	21.08	86	0	72.56	354.7
连云港市	34	1.15	5.68	0.76	3.32	1.40	337.46	14.59	88	0	58.95	254.63
淮安市	28	0.63	5.31	0.34	3.26	1.25	264.18	13.51	91	300	71.15	204.09
盐城市	48	0.72	4.66	0.36	2.00	1.78	319.19	15.99	78	1 500	57.26	207.59
扬州市	82	1.41	19.61	0.81	2.66	1.80	543.29	26.98	91	4 330	58.72	355.05
镇江市	60	0.96	25.19	0.81	3.96	1.88	800.35	29.10	96	1 731	70.45	427.7
泰州市	40	1.28	12.63	0.84	2.45	1.52	963.29	17.19	83	0	0	271.37
宿迁市	15	0.01	1.09	0.01	1.92	0.72	205.65	8.69	0	0	66.67	143.42

对表 7.6 数据标准化以后,求 R 的特征值以及贡献率,并按特征值大于 1 的原则提取主因子。每个主因子的特征值、贡献率、累计贡献率如表 7.7 所示。

表 7.7　江苏省 13 市创新能力指标旋转因子载荷阵、特征值、贡献率及累计贡献率

指　标	Component			
	1	2	3	4
X_1	0.947	0.133	−0.039	0.142
X_2	0.244	0.932	0.090	−0.157
X_3	0.956	0.222	0.068	0.061
X_4	0.264	0.688	0.403	−0.473
X_5	−0.540	−0.014	0.772	−0.088
X_6	0.508	0.661	−0.029	−0.116
X_7	0.916	0.174	−0.084	−0.159
X_8	0.842	0.481	0.013	0.192
X_9	0.222	0.041	0.942	0.103
X_{10}	0.139	0.844	−0.140	0.379
X_{11}	0.115	−0.022	0.069	0.941

指　　标	Component			
	1	2	3	4
X_{12}	0.939	0.274	0.074	0.036
特征值	5.002	2.898	1.698	1.396
贡献率(%)	41.685	24.147	14.147	11.636
累计贡献率(%)	41.685	65.832	79.980	91.615

由表7.7可知,前四个主因子F_1、F_2、F_3、F_4包含了原始信息量的91.615%。由方差最大正交旋转因子载荷阵可知,F_1在X_1、X_3、X_7、X_8、X_{12}上的载荷较大,它们分别从大中型企业数、每10万人口授权专利数、人均计费邮电业务总量、百户家庭电脑拥有量、万人口科技人员方面反映抽样区域的技术创新能力;F_2在X_2、X_4、X_6、X_{10}上的载荷较大,它们分别从企业R&D人员占企业职工比例、企业科技支持力、政府科技支持力、技术市场成交合同金额方面反映抽样区域的技术创新能力;F_3在X_5、X_9上的载荷较大,它们分别从金融机构科技支持力、技术中介机构从业人员素质方面反映抽样区域的技术创新能力;F_4在X_{11}上的载荷较大,它从区域技术人员素质方面反映抽样区域的技术创新能力。

以F_1、F_2、F_3、F_4的信息贡献率为权数,计算江苏省13市技术创新能力的综合得分,F_i的系数为各因子信息贡献率权数。据此计算的江苏省13市创新能力的综合得分及排序如表7.8所示。

表7.8　江苏省13市创新能力指标综合评分

城市	主　因　子								综合得分	
	F_1		F_2		F_3		F_4			
	得分	排序	得分	排序	得分	排序	得分	排序	得分	排序
南京市	1.275	3	1.703	1	−0.482	11	1.605	2	1.159	1
无锡市	1.433	2	0.759	2	0.076	7	0.762	5	0.963	2
徐州市	−0.777	10	−0.150	8	1.872	1	−0.827	11	−0.211	8

城市	主因子								综合得分	
	F_1		F_2		F_3		F_4			
	得分	排序	得分	排序	得分	排序	得分	排序	得分	排序
常州市	0.822	4	0.489	3	0.376	3	−1.415	12	0.379	4
苏州市	1.541	1	0.236	5	−0.380	9	1.406	3	0.885	3
南通市	−0.049	6	−0.087	7	0.072	8	0.180	8	−0.011	7
连云港市	−0.749	9	−0.353	10	0.195	5	−0.723	10	−0.496	10
淮安市	−0.949	12	−0.876	12	0.083	6	1.209	4	−0.495	9
盐城市	−0.798	11	−0.556	11	−1.234	13	0.197	7	−0.674	11
扬州市	−0.063	7	0.390	4	0.286	4	−0.076	9	0.108	6
镇江市	0.08	5	0.154	6	1.052	2	0.296	6	0.277	5
泰州市	−0.413	8	−0.173	9	−0.438	10	−4.452	13	−0.871	12
宿迁市	−1.339	13	−1.619	13	−0.929	12	1.853	1	−0.941	13

　　根据江苏省 13 市创新能力主要指标,对江苏省 13 市创新能力指标进行聚类分析。经过聚类分析,将江苏省 13 市的创新能力分为 4 类,如表 7.9 所示。

表 7.9　江苏省 13 市创新能力分类表

因　子	第 1 类(强)	第 2 类(较强)	第 3 类(一般)	第 4 类(较弱)
企业创新战略决策能力因子	苏州	无锡、南京、常州	扬州、南通、徐州、镇江、盐城	泰州、连云港、淮安、宿迁
企业 R&D 人员因子	南京、扬州、常州	徐州、无锡、泰州、连云港	南通、镇江、苏州、盐城	淮安、宿迁
专利产出因子	苏州、无锡、南京	常州、镇江、扬州	泰州、南通、徐州、连云港	淮安、盐城、宿迁
企业科技支持力因子	泰州、扬州、镇江、南京	无锡、常州、连云港、徐州	南通、苏州、盐城	淮安、宿迁
综合因子	南京、无锡、苏州	常州、扬州、镇江	泰州、徐州、连云港	南通、盐城、淮安、宿迁

通过对江苏省13市的创新能力进行聚类分析可以发现,江苏省13市的创新能力与其区位通道的排名基本一致。这说明江苏省13市的区位通道在区域技术创新过程中对创新资源和创新信息的流通所起的作用大小与各区域的创新能力强弱是基本一致的。

［本章小结］

区位通道在形成区域创新能力过程中是一个通道系统,包括物质通道和非物质通道。在区位通道系统中,各种具体区位通道通过影响研发投资,并同时受到授权专利的影响参与区域技术创新。但区位通道对区域内外研发投资的影响不是直接的,而是通过对技术人员的影响间接影响区域内外研发投资的。提升区域创新能力,就区位通道而言,既应从物质通道中的交通运输通道、邮政通道等着手采取措施,从信息传输通道中的通信通道、IT网络通道、电视通道等采取措施,更应通过对这些通道的改善,形成有利于区域技术人员进行技术创新的条件,不断提升区域技术人员进行技术创新的能力。高素质的技术人员才是吸引研发投资的最直接的因素,区位通道只是吸引研发投资的必不可少的重要客观条件。

8 区位场对区域技术创新的约束

区位内源通过通道在区域创新主体之间循环流转,形成不同层次的区位,元区位、文化区位、制度区位、器物区位经过历史积累,具有路径依赖性和报酬递增性,最终形成区位经济空间场,像磁场一样既可从其他区域吸引创新资源,又可对其他区域产生创新辐射作用。本章通过分析区位场形成的动力、路径、外部性表现以及不同区位挡板对区域技术创新所起的制约作用,论证区位场约束区域技术创新的原理。

8.1 区位场的形成

通过区域技术创新的区位约束结构方程模型可知,区位场对企业家的吸引系数为 0.012,对研发人员的吸引系数为 0.733,对风险投资的吸引系数为 0.450;区位场的技术扩散系数为 0.302,技术吸引系数为 1.298,区际结网系数为 0.970。区位场为什么会产生上述不同的外部性表现?通过研究区位场形成的动力、路径和外部性表现,有助于理解区位与不同显变量之间的关系。

8.1.1 区位场形成的动力

区位场形成的动力即空间外部性形成的动力。Marshall (1890)最早提出空间外部性,他认为外在于企业、内在于产业(区域)的加总的规模经济能够产生外部性。这种外部性是企业在空间接近过程中产生的效应。韦伯(1909)认为,区位因素分为区域因素和位置因素,影响工业区位的区域因素包括运输成本和劳动成本,影响工业区位的位置因素包括集聚因素和分散因素。其中,集聚因素又包括特殊集聚因素和一般集聚因素,特殊集聚因素指的是交通、自然资源等;一般集聚因素指的是一般的经济因素,是当多个工厂集聚在一个地点时能给工厂带来更多收益或成本节约的因素。特殊集聚因素往往是产业集聚的诱发因素,一般集聚因素是集聚持续发展的内在驱动力。Henderson(1974,1977,1988)认为,集聚经济因外部性而产生并促使生产集聚,而拥挤和土地成本等因素促使生产分散。生产集聚的最佳规模是两种因素综合作用取得平衡的结果。即集聚经济的向心力来自生产中存在的本地化经济,离心力是城市地租。

综合中外学者对区位场的研究结果,本研究认为,创新主体(主要是企业)为了寻求协同创新,降低交易成本,实现报酬递增效应,进而提高创新能力和竞争能力,共同向创新条件优越的区域集聚,是区位场形成的根本动力。

8.1.2 区位场形成的路径

关于区位场形成的路径,中外学者已进行过很多研究。亚当·斯密主要从劳动分工的角度阐述生产率如何随着分工的发展而提高,为产业集聚的发生以及生产率如何随着集聚而提高进行了解释。Marchall(1890)在对产业区的考察中指出,产业集聚的外部性主要来自三个方面:① 劳动力共享有利于企业获得更稳定的劳动供给、劳动者获得更稳定的就业机会;② 中间投入品与专业化服务共享带来的分工深化;③ 知识的溢出,新想法、新技术迅速扩散,并促进更多创新的出现。Stigler(1951)认为,最终产品生产的生产活动可以分为多个阶段,其中一些是报酬递增的,另外一些则是报酬递减的,企业通过扩大具有报酬递增特征的生产活动的规模能降低生产成本。Richardson(1973)认为集聚经济形成的微观原因有很多,包括专业化商业服务、资本供给、劳动力市场的规模经济、具有管理才能和专业才能的人才供给以及能够吸引专业人才的设施的供给、更大市场允许更进一步的专业化、水供给的规模经济以及其他公用设施所存在的规模经济、交流与信息的规模经济——特别是面对面的机会、固定投资的可变更性和灵活性、商业娱乐设施的供给等。

通过中外学者对区位场形成路径的研究可以看出,区位场主要是通过以下途径形成的:① 基于节约运输成本而共享原材料;② 基于节约劳动成本而共享劳动力;③ 基于节约交易成本而分享专业化产业集群的专业知识溢出;④ 基于创新环境而共享基础设施;⑤ 共享中间投入品等。一个区域的区位场是通过多种途径形成的,不同区位场有不同的形成途径结构。

8.1.3　区位场外部性的表现

外部性是指一个经济主体因另一个经济主体的行为而获得的收益,或遭受的损失。外部性有正外部性和负外部性两种表现形式。正外部性是指某一经济主体的生产或消费使另一经济主体受益而无法从后者获取报酬;负外部性是指经济主体的生产或消费使另一经济主体受损而后者无法获得补偿。一个区域区位场的形成,是区位正外部性与负外部性综合作用下的结果。正外部性与负外部性是区位场外部性的重要表现。具体而言,区位场对企业家、研发人员、风险投资的吸引,对区位外部区域具有负外部性,影响外部区域技术创新的进行。区位场产生的区际结网能力和技术辐射能力一般对相邻区位具有正外部性。区位场对其他区域的技术吸收既可产生正外部性,也可能产生负外部性。

8.2　区位挡板

通常情况下,器物层的技术、人员、资本、物资可以自由流动,但自然区位具有不可转移性,区域文化和区域制度受区域历史影响,具有黏滞性,不容易在区域之间流动,从而形成区域之间的自然挡板、文化挡板和制度挡板,对区域创新资源的流动产生阻碍作用,对区域技术创新产生约束作用,如图 8.1 所示。区位场对区域技术创新的约束作用主要体现为区位挡板对区域技术创新的约束作用。

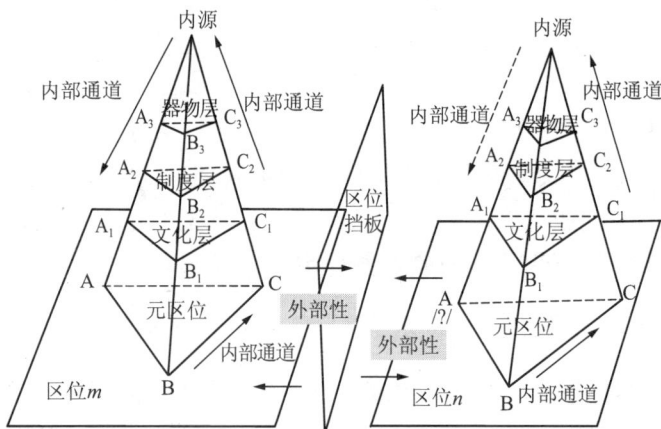

图 8.1　区位挡板对区域技术创新的约束作用

通过区域技术创新的区位约束结构方程模型可知,市场创新对区域技术创新的影响系数为 1.13,商务关系创新对区域技术创新的影响系数为 1.542,技术知识创新对区域技术创新的影响系数为 0.006,产品创新对区域技术创新的影响系数为 0.046。同时,对企业家吸引作用对区位场的影响系数为 0.012,对研发人员吸引作用对区位场的影响系数为 0.733,对风险投资吸引作用对区位场的影响系数为 0.450,技术扩散区位场的影响系数为 0.302,技术吸收对区位场的影响系数为 1.298,区际结网对区位场的影响系数为 0.970。所以,不同结构的区位场,会形成不同的区位挡板,对本地企业家、研发人员、风险投资等创新资源和相邻区域创新资源产生不同的影响,对本区域的技术创新产生约束作用。

8.2.1　自然挡板

一个地区的自然条件决定了当地人们的生活方式和生产方式,

进而决定着当地产业技术创新的方向。平原地区的人们有平原地区的生活方式和生产方式,山区人们有山区的生活方式和生产方式。生活和生产需求是区域技术创新的重要动力之一。

在西欧,技术进化向非人力代替人力劳动的方向进行,即"工业革命"(industrial revolution)的基础;而历史上的日本却存在着人力劳动取代其他动力形式的情况,也就是所谓的"勤劳革命"(industrious revolution)。就我们后工业理性(post-industrial rationality)而言,结局仍然可能是一种退化而非进化形式。自然挡板对技术创新所起的不同约束,是历史上西欧与日本技术创新方向不同的主要原因之一。日本缺乏家畜,主要是因为日本的火山岩土壤特性。除了西部某些地区外,日本缺乏存在畜牧经济的可能性。鉴于可耕土地面积狭小,人们饲养不起可能与谷物生产发生竞争的牲畜,把宝贵的土地用来饲养牲畜的机会成本太高。决定种植方法和实践的是获得最大、最好的可能收成,而不是我们所非常强调的最少人力和麻烦。面对人口密度大、土地相对少的状况,真正缺乏的资源不是人力,而是土地。建立、维修和操作一个水磨来碾碎谷物比人力自己来做更加"昂贵"。利用人推来抽水,比建立大型机械来抽水更"便宜"、更灵活,大型机械不容易从一小块土地搬到另一小块土地。

自然挡板阻碍了不适合当地生产和生活产品的技术创新,既制约了当地技术创新的发展,也阻碍了与其他区域之间的技术交流。

8.2.2 文化挡板

文化是指一定区域的人们经过漫长历史时期所形成的信仰、价值观、思维方式、习俗等,区域文化是一个区域研发人员从事技术创新所遵守的一种隐性规则,对当地企业家和研发人员的技术创新活动都具有约束作用。基于不同历史和自然条件,西欧人和日本人形成了不同的思维方式。如果西欧人碰到问题,他会试着应用更加精巧的机器来加以克服;如果日本人遇到难题,他会试着运用更多的思想、社会组织和人力。一个导致日本的"勤劳革命";另一个导致欧洲的"工业革命"。

在试图解释何以"轮子的使用"在伊斯兰世界遭到弃用时,拜罗克(Bairoch)提出了两个主要原因。其中一个是宗教的原因,"至少在整个中世纪,西方的穆斯林社会似乎已有一种禁令,即禁止违法使用有轮马车"。说明传统习俗对技术创新具有约束作用。

区域文化在约束当地人们技术创新轨迹的同时,对不符合本区域文化的技术创新也会产生一种挡板作用,阻碍区域之间技术知识的转移,影响技术创新的发展。

8.2.3 制度挡板

制度是人们设计出来的,用以型塑人们相互交往的约束。制度约束包括两个方面,有时它禁止人们从事某种活动,有时则界定在什么样的条件下某些人可以被允许从事某种活动。一个区域的技术创新制度是其创新主体从事创新活动必须遵守的显性规则。区域创新主体由企业、大学与科研院所、金融机构、政府等组成。上述组织是在既有约束条件所决定的机会集合下有目的的创立的,同时,就其目标而言,组织乃是促成制度变迁的主角(a major agent)。制度通过其对交换与生产成本的影响来影响经济绩效。与所用技术一起,制度决定了构成总成本的交易费用和转型成本。

对一个区域而言,制定出高效率的、低成本的技术创新制度,可以吸引企业家、研发人员、风险投资等创新资源。相反,一个区域低效率、高成本的技术创新制度则会对企业家、研发人员、风险投资等创新资源形成一种驱逐,对其他区域的企业家、研发人员、风险投资等创新资源形成制度挡板,阻碍其进入,制约本地技术创新的发展。西方发达国家兴起的原因就在于发展了一种有效率的经济组织,并建立了制度化的设施,确立了财产所有权,把个人的经济努力不断引向一种社会性的活动,使个人的收益率不断接近社会收益率。当今第三世界国家不发达的重要原因,正是不能发展出有效的、低成本的契约实施机制。

8.3 实际案例

近年来,江苏在创新思想、创新环境、政府职能、服务平台、资金瓶颈等方面,制定了一系列促进企业自主创新能力建设的政策方针。江苏省政府先后出台了《江苏省高新技术产业化工作实施意见》《江苏省高新技术产业"双倍增"计划实施意见》等一系列政策文件,江苏省政府还设立了"江苏省科技成果转化专项资金"等,这些都为江苏企业开展自主创新创造了良好的外部环境。江苏在实施"以创新驱动经济转型升级"战略中,重点执行新兴产业倍增、服务业提速、传统产业升级"三大计划"。2009年、2010年江苏已经连续两年跃居全国区域创新能力综合排名第一;江苏科技研发投入占GDP的比重、科技进步贡献率年年攀升,2010年江苏研发投入占GDP比重达到2.1%,基本达到了创新型国家投入水平;全省科技进步对经济增长贡献率上升了54%,超过了国际上设定的50%的集约型经济的上限标准;2010年江苏专利申请量已连续三年居全国第一位,新能源、生物技术和新医药、新材料、节能环保、软件和服务外包、传感网等六大战略性新兴产业茁壮成长,2010年六大战略性新兴产业占全部工业销售收入的23%。从表8.1可以看出,江苏科技进步对江苏GDP的贡献率正逐年上升,而资本和劳动力对江苏GDP的贡献率则逐年下降,这样的趋势需要保持下去,才有利于江苏的经济发展方式的转型和江苏经济可持续发展的实现。

表 8.1　江苏历年经济增长来源

年代	科技进步贡献率(%)	资本贡献率(%)	劳动力贡献率(%)
"八五"期间	33.55	57.21	7.24
"九五"期间	40.30	54.38	5.32
"十五"期间	45.15	50.66	4.19
"十一五"期间	48.99	47.68	3.23
2010 年	54.00	—	—

8.4 经济模型分析

8.4.1 拓扑模型

前面分析了区位场对区域技术创新约束的规律,为了验证上述理论的科学性,现以中国 31 个省份之间的技术合作为例,应用复杂网络原理,分析区位场对区域技术创新的约束作用。考虑数据的获取性,从简化分析过程的角度出发,对中国省际创新网络作如下定义:

(1) 研究内容只限于中国各省之间的 3 种专利联合申请受理,不考虑各省之间的其他技术合作情况。

(2) 中国省级技术创新合作网络的节点包括北京、天津、河北

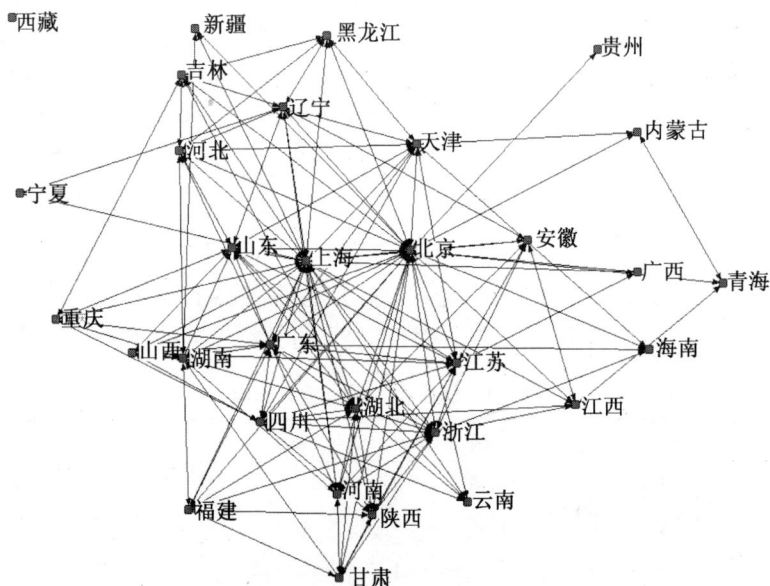

图 8.2　中国省际技术合作网络的拓扑模型

等 31 个行政省级的省、直辖市、自治区,各节点均被认为是无差别的节点。

（3）中国各省、直辖市、自治区之间的关系是无向网络拓扑模型的边,所有边均是无向边。

（4）以各省、直辖市、自治区 2010 年联合申报的 3 种专利受理数为权重,作为中国省际技术合作网络各节点之间边的权重。

图 8.2 为 Ucinet 下中国省际技术创新合作网络拓扑模型仿真图,图中方块代表节点,各节点之间的连线代表无向边,各节点之间的关系表现为技术合作关系。

8.4.2　拓扑分析

中国省际技术合作网络的现实模型反映了各省之间的技术合作关系。为了更深刻地揭示中国省际技术合作网络主要参与者的位置重要性、子群特性、网络关联性等,现对中国省际技术合作网络的现实模型进行拓扑分析。

1）中心性分析

复杂网络的中心性主要包括程度中心性、接近中心性和中间中心性三种形式。现对中国省际技术合作复杂网络的上述三种中心性进行分析,以揭示各省在中国省际技术合作复杂网络中的地位。

（1）程度中心性　在复杂网络中,人们经常用节点中心度和网络中心势表示网络的程度中心性。通过计算得知,中国省际技术合作网络的网络中心势为 5.10%,各节点的程度中心度排名按照从高到低依次为上海、黑龙江、北京、浙江、江苏、广东、山东、四川、陕西、湖北、天津、河北、湖南、辽宁、河南、重庆、吉林、甘肃、山西、江西、福建、安徽、广西壮族自治区、云南、海南、新疆维吾尔自治区、内蒙古自治区、青海、宁夏回族自治区、贵州、西藏自治区,如表 8.2 所示。其中,上海、黑龙江、北京、浙江、江苏、广东、山东、四川、陕西、湖北为排在前 10 位的省份,其累积程度中心性占全国 31 个省份的84.4%。上述省份主要分布在长三角、珠三角和环渤海地带,在中国省际技术合作网络中占据重要地位,对中国省际技术合作网络拥有较大的控制权利。

表8.2 中国省际专利合作网络参与者的程度中心性

省　份	程度中心性 (Degree)	标准程度中心性 (NrmDegree)	份额 (Share)
上海	635.000	5.318	0.315
黑龙江	416.000	3.484	0.207
北京	240.000	2.010	0.119
浙江	93.000	0.779	0.046
江苏	91.000	0.762	0.045
广东	72.000	0.603	0.036
山东	44.000	0.369	0.022
四川	39.000	0.327	0.019
陕西	37.000	0.310	0.018
湖北	35.000	0.293	0.017
天津	35.000	0.293	0.017
河北	34.000	0.285	0.017
湖南	31.000	0.260	0.015
辽宁	30.000	0.251	0.015
河南	22.000	0.184	0.011
重庆	18.000	0.151	0.009
吉林	17.000	0.142	0.008
甘肃	16.000	0.134	0.008
山西	15.000	0.126	0.007
江西	15.000	0.126	0.007
福建	15.000	0.126	0.007
安徽	15.000	0.126	0.007
广西	14.000	0.117	0.007
云南	11.000	0.092	0.005

省　份	程度中心性 （Degree）	标准程度中心性 （NrmDegree）	份额 （Share）
海南	8.000	0.067	0.004
新疆	4.000	0.034	0.002
内蒙古	4.000	0.034	0.002
青海	3.000	0.025	0.001
宁夏	3.000	0.025	0.001
贵州	2.000	0.017	0.001
西藏	0.000	0.000	0.000
均值	64.968	0.544	0.032
最小值	0.000	0.000	0.000
最大值	635.000	5.318	0.315

（2）接近中心性　接近中心性反映一个节点在网络中与其他节点接近的程度,该节点与其他节点越接近,该点在传递信息方面就越容易。通过计算得知,在中国技术创新合作网络中,各省接近中心性的排名按照从高到低依次为北京、上海、江苏、浙江、山东、湖北、四川、天津、广东、辽宁、河北、湖南、河南、陕西、福建、吉林、江西、山西、安徽、黑龙江、云南、甘肃、广西、新疆、重庆、海南、青海、内蒙古、贵州、宁夏、西藏,如表 8.3 所示。其中,北京、上海、江苏等排在前 10 名的省份主要分布在长三角、珠三角和环渤海地带,这些省份与其他省份相对比较接近,与其他省份技术创新交流相对比较容易。

表 8.3　中国省际专利合作网络参与者的接近中心性

省　份	内向疏远度 （in Farness）	外向疏远度 （out Farness）	内向接近度 （in Closeness）	外向接近度 （out Closeness）
北京	64.000	62.000	46.875	48.387
上海	68.000	65.000	44.118	46.154
江苏	76.000	77.000	39.474	38.961

省 份	内向疏远度 (in Farness)	外向疏远度 (out Farness)	内向接近度 (in Closeness)	外向接近度 (out Closeness)
浙江	76.000	75.000	39.474	40.000
山东	76.000	78.000	39.474	38.462
湖北	77.000	75.000	38.961	40.000
四川	77.000	77.000	38.961	38.961
天津	78.000	78.000	38.462	38.462
广东	79.000	73.000	37.975	41.096
辽宁	79.000	79.000	37.975	37.975
河北	80.000	81.000	37.500	37.037
湖南	80.000	78.000	37.500	38.462
河南	81.000	81.000	37.037	37.037
陕西	81.000	80.000	37.037	37.500
福建	82.000	81.000	36.585	37.037
吉林	83.000	83.000	36.145	36.145
江西	83.000	85.000	36.145	35.294
山西	83.000	85.000	36.145	35.294
安徽	83.000	82.000	36.145	36.585
黑龙江	83.000	83.000	36.145	36.145
云南	85.000	84.000	35.294	35.714
甘肃	85.000	83.000	35.294	36.145
广西	87.000	91.000	34.483	32.967
新疆	87.000	87.000	34.483	34.483
重庆	87.000	87.000	34.483	34.483
海南	87.000	88.000	34.483	34.091
青海	89.000	88.000	33.708	34.091
内蒙古	89.000	103.000	33.708	29.126
贵州	92.000	90.000	32.609	33.333
宁夏	94.000	92.000	31.915	32.609

省 份	内向疏远度 (in Farness)	外向疏远度 (out Farness)	内向接近度 (in Closeness)	外向接近度 (out Closeness)
西藏	930.000	930.000	3.226	3.226
均值	109.065	109.065	35.865	35.976
最小值	64.000	62.000	3.226	3.226
最大值	930.000	930.000	46.875	48.387

（3）中间中心性　中间中心性反映一个节点在网络中位于其他各点中间的程度。在复杂网络中，接近中心度较高的节点，可以通过控制或曲解信息的传递而影响群体，还可以对其他节点行动者所需的资源进行有效控制。通过计算可知，在中国省际专利合作网络中，联合集中度（Un-normalized centralization）为 7 478.164，网络中心势指数为28.65%。各省接近中心性的排名按照从高到低依次为北京、上海、天津、浙江、江苏、辽宁、湖北、四川、山东、广东、湖南、青海、江西、吉林、河南、河北、安徽、重庆、陕西、福建、甘肃、山西、内蒙古、黑龙江、海南、云南、贵州、广西、西藏、宁夏、新疆，如表8.4所示。其中，排在前10名的省份为北京、上海、天津、浙江、江苏、辽宁、湖北、四川、山东、广东，主要分布在长三角、珠三角和环渤海地区。上述三区域主要省份在中国专利合作网络中拥有较高的中间中心性，对其他省份专利合作和创新资源的流通具有中间控制能力。

表8.4　中国省际专利合作网络参与者的中间中心度

省 份	中间中心度 (Betweenness)	标准中间中心度 (nBetweenness)
北京	262.231	30.142
上海	145.647	16.741
天津	40.801	4.690
浙江	25.042	2.878
江苏	24.347	2.798

省　份	中间中心度 （Betweenness）	标准中间中心度 （nBetweenness）
辽宁	20.606	2.369
湖北	20.246	2.327
四川	20.130	2.314
山东	17.813	2.048
广东	17.244	1.982
湖南	15.460	1.777
青海	5.432	0.624
江西	5.171	0.594
吉林	4.992	0.574
河南	4.954	0.569
河北	4.550	0.523
安徽	3.608	0.415
重庆	2.978	0.342
陕西	2.663	0.306
福建	2.023	0.233
甘肃	1.595	0.183
山西	1.078	0.124
内蒙古	1.000	0.115
黑龙江	0.783	0.090
海南	0.397	0.046
云南	0.211	0.024
贵州	0.000	0.000
广西	0.000	0.000
西藏	0.000	0.000
宁夏	0.000	0.000
新疆	0.000	0.000
均值	21.000	2.414
最小值	0.000	0.000
最大值	262.231	30.142

通过以上分析可知,无论程度中心性,还是接近中心性、中间中心性,长三角的上海、江苏、浙江,珠三角的广东,环渤海地区的北京、天津、山东,都具有较高的中心度,说明长三角、珠三角和环渤海地区作为中国的经济增长极,其中的有关省份在中国省际专利合作网络中处于核心地位,对其他省份具有较大的影响力和控制力。

2) 子群分析

派系分析和成分分析是子群分析的主要内容。通过派系分析可以发现复杂网络中存在哪些子群,通过成分分析可以发现复杂网络存在的强成分和弱成分,从而为复杂网络治理提供理论依据。

(1) 派系分析　通过数据分析发现,中国省际专利合作网络中存在 40 个子群,其中,含有 7 个省份的子群有 2 个,含有 6 个省份的子群有 4 个,含有 5 个省份的子群有 16 个,含有 4 个省份的子群有 9 个,含有 3 个省份的子群有 9 个,如表 8.5 所示。在所有子群中,北京参与的子群有 35 个,占子群总数的 87.5%;天津参与的子群有 6 个,占子群总数的 15%;山东参与的子群有 6 个,占子群总数的 15%;上海参与的子群有 24 个,占子群总数的 60%;江苏参与的子群有 11 个,占子群总数的 27.5%;浙江参与的子群有 15 个,占子群总数的 37.5%;广东参与的子群有 3 个,占子群总数的 7.5%。由此可见,长三角和环渤海地区省份是中国省际专利合作网络的主要组织者和协调者,对中国省际专利合作起着领导作用。

表 8.5　中国省际专利合作网络派系分析

子群 成员数	子群序号及构成						
7	1:北京	上海	浙江	湖北	广东	四川	陕西
	2:北京	上海	浙江	福建	湖北	广东	陕西
6	6:北京	上海	福建	湖北	湖南	广东	
	10:北京	天津	河北	辽宁	上海	山东	
	11:北京	天津	河北	辽宁	黑龙江	上海	
	17:北京	上海	江苏	浙江	四川	陕西	

续　表

子群成员数	子群序号及构成								
5	3:北京	上海	浙江	山东	湖北	4:北京	上海	浙江	河南 湖北
	5:北京	上海	浙江	安徽	湖北	7:北京	上海	河南	湖北 湖南
	8:北京	上海	山东	湖北	云南	9:北京	上海	湖北	四川 云南
	14:北京	天津	上海	江苏	山东	15:北京	天津	上海	江苏 四川
	16:北京	天津	上海	广东	四川	18:北京	上海	江苏	浙江 山东
	19:北京	上海	江苏	浙江	河南	20:北京	上海	江苏	浙江 安徽
	26:北京	河北	辽宁	吉林	黑龙江	33:北京	江苏	浙江	河南 甘肃
	34:北京	江苏	浙江	陕西	甘肃	35:北京	浙江	福建	陕西 甘肃
4	12:北京	辽宁	上海	安徽		13:北京	辽宁	上海	河南
	21:北京	河北	上海	湖南		23:北京	山西	江苏	山东
	24:北京	山西	江苏	四川		28:北京	浙江	安徽	江西
	29:北京	浙江	江西	四川		37:上海	湖南	广东	重庆
	38:上海	广东	重庆	四川					
3	22:北京	上海	新疆			25:北京	山西	湖南	
	27:北京	吉林	湖北			30:北京	江西	青海	
	31:北京	天津	海南			32:北京	浙江	海南	
	36:上海	江苏	广西			39:上海	山东	重庆	
	40:辽宁	上海	宁夏						

　　（2）成分分析　通过数据分析发现，中国专利合作网络中存在两个成分，第一个成分包括 30 个节点，即包括北京、天津、河北、山西、内蒙古、辽宁、吉林、黑龙江、上海、江苏、浙江、安徽、福建、江西、山东、河南、湖北、湖南、广东、广西、海南、重庆、四川、贵州、云南、陕西、甘肃、青海、宁夏、新疆，占所有成分的 96.8%；第二个成分只包括一个节点，即西藏，占所有成分的 3.2%。说明西藏在中国省际专利合作网络中是一个弱成分，在所有成员中处于边缘化的地位。

　　3）关联性分析

　　关联性反映复杂网络参与者之间的关系。通过计算得知，中国省际专利合作网络根据局部密度计算出来的聚类系数为 7.42，根据传递性计算出来的聚类系数为 3.693，说明中国省际专利合作网络具有明显的小世界特征。聚类系数和特征路径长度是反映小世界特征的两个重要指标。下面通过分析这两个指标，揭示中国省际专利合作网络各节点的关联性。

（1）聚类系数分析　通过计算得知，在中国省际专利合作网络中，北京、山东、天津、上海、江苏、浙江、广东的聚类系数较小，分别为1.452、3.981、7.764、1.105、3.385、2.962、2.975，如表8.6所示。这说明这些省份在网络中与其他节点连边数目较多，对网络拥有较大的控制权，而与上述节点相邻的节点与其他节点连边的数目较少。通过聚类系数分析说明，长三角、珠三角、环渤海地区省份与其他省份专利合作的程度较高，是中国专利合作活动活跃的地区。

表8.6　中国省际专利合作网络主要参与者的关联性

省　份	聚类系数 （Clus Coef）	边　数 （nPairs）
北京	1.452	351.000
天津	7.764	55.000
河北	10.306	36.000
山西	8.929	21.000
内蒙古	4.500	3.000
辽宁	7.556	45.000
吉林	14.905	21.000
黑龙江	7.567	15.000
上海	1.105	276.000
江苏	3.385	78.000
浙江	2.962	91.000
安徽	9.238	21.000
福建	7.071	28.000
江西	8.100	15.000
山东	3.981	78.000
河南	6.903	36.000
湖北	2.879	91.000
湖南	2.894	66.000
广东	2.975	120.000

续　表

省　份	聚类系数 (Clus Coef)	边　数 (nPairs)
广西	34.833	3.000
海南	7.917	6.000
重庆	2.500	15.000
四川	4.348	66.000
贵州	0.000	0.000
云南	9.400	10.000
西藏	0.000	0.000
陕西	7.028	36.000
甘肃	3.036	28.000
青海	2.000	3.000
宁夏	4.000	1.000
新疆	20.500	3.000

（2）路径长度均值分析　通过计算得知,中国省际专利合作网络各节点之间的平均距离为 1.748。其中,距离是 1 的情况出现了 257 次,占总数的 29.5%;距离是 2 的情况出现了 575 次,占总数的 66.1%;距离是 3 的情况出现了 38 次,占总数 4.4%。这说明中国省际专利合作网络中大部分省份之间的距离在 1 至 3 之间,各省之间进行专利合作的中间路径较短,容易进行专利合作。

8.4.3　拓扑模型与实际的对比

区位场对中国各省技术创新的约束主要体现在各省、直辖市、自治区的知识获取能力和三项专利联合申报受理方面。下面将中国省际专利合作网络拓扑模型与实际进行对比,介绍区位场对中国省际专利合作的约束规律。

1）知识获取能力

根据《中国区域创新能力报告 2010》,2010 年,中国知识获取能力排在前 10 名的省份分别为上海、江苏、广东、北京、辽宁、天津、浙江、四川、海南、湖南,如表 8.7 所示;中国区域创新能力综合值排在前 10 名的省份分别为江苏、广东、北京、上海、浙江、山东、天津、湖北、四川、重庆。

表 8.7　2010 年中国知识获取能力排名前 10 位省份

地　区	知识获取		综合值	
	效用值	排名	效用值	排名
上海	63.82	1	46.23	4
江苏	50.59	2	52.27	1
广东	44.54	3	51.89	2
北京	40.65	4	47.92	3
辽宁	38.66	5	28.93	12
天津	37.49	6	35.89	7
浙江	30.91	7	41.23	5
四川	26.18	8	29.95	9
海南	26.06	9	21.95	23
湖南	25.51	10	29.79	11

在知识获取效率方面,上海和天津位居前两名,辽宁和海南分别为第 3 位和第 4 位;宁夏回族自治区(第 8 位)、内蒙古自治区(第 13 位)、河北(第 18 位)、河南(第 19 位)和辽宁(第 3 位)排名远远领先于其效率排名(分别为第 23 位、第 25 位、第 30 位、第 31 位和第 15 位);西藏自治区(第 31 位)和安徽(第 27 位)的排名远落后于其综合效率的排名(分别为第 9 位和第 13 位);其他省份的排名与其综合效率的排名大体相当。在知识获取潜力方面,四川排名居第 1 位,青海和新疆维吾尔自治区分别为第 2 位和第 3 位。青海(第 2 位)、上海(第 15 位)、辽宁(第 10 位)和内蒙古自治区(第 7 位)排名远领先于其综合潜力排名(分别为第 24 位、第 29 位、第 23 位和第 19 位),因此,知识获取潜力是这些地区创新能力的优势所在;安徽(第 26 位)、湖北(第 27 位)、江苏(第 22 位)、江西(第 28 位)、宁夏回族自治区(第 16 位)和山东(第 21 位)的排名远落后其综合潜力的排名(分别为第 6 位、第 7 位、第 15 位、第 4 位、第 13 位和第 11

位);其他省份的排名与其综合潜力的排名差距较小或相当。

通过《中国区域创新能力报告 2010》对中国各省知识获取能力的排名可知,中国知识获取能力较强的省份主要集中分布在长三角、珠三角和环渤海地区,与中国省际专利合作网络拓扑模型运行结果基本一致,如图 8.3 所示。说明上述三个区位的区位场对区域技术创新具有明显的正向约束作用。

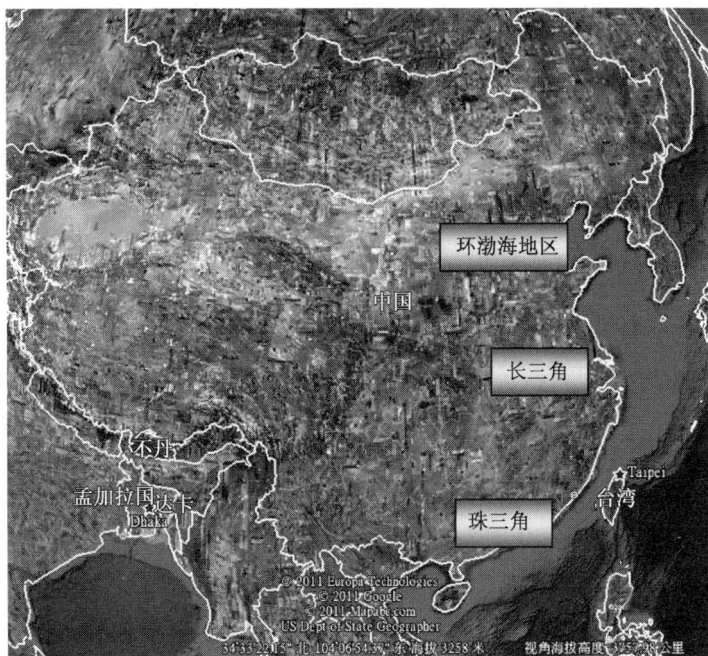

图 8.3　中国知识获取能力较强省份的分布

2) 长三角、珠三角和环渤海地区区位场对区域技术创新的约束

根据《中国区域创新能力报告 2010》,在长江三角洲地区,上海、江苏、浙江同省内联合申请专利 456 件,与邻省联合申请专利 90件,与外省联合申请专利 104 件。在环渤海地区,北京、天津、河北同省内联合申请专利 289 件,与邻省联合申请专利 30 件,与外省联

合申请专利 161 件,如表 8.8 所示。上述联合申请专利的数据说明,省内自然区位和文化、制度条件趋同,自然挡板、文化挡板、制度挡板对区域技术创新的约束相对较小,联合申请专利相对比较容易。

同时,由于地理临近,在资源禀赋上也存在趋同现象。专利创新对知识等创新资源的要求较高,各省为完成专利创新需要寻求互补性创新资源,而与本省互补的创新资源经常在本区域之外。所以,长三角和环渤海省份与外省联合申请专利的数量比与邻省联合申请专利的数量多。

表 8.8　长三角和京津冀地区 3 种专利联合申请情况

地区	全部/件	同省/件	邻省/件	外省/件	邻省与外省合计/件	邻省合计/件
上海	432	317	38	77	115	
江苏	112	77	24	11	35	90
浙江	106	62	28	16	44	
北京	426	269	21	136	157	
天津	34	15	3	16	19	30
河北	20	5	6	9	15	

资料来源:中国科技发展战略研究小组.中国区域创新能力报告 2010

[本章小结]

区位形成过程中的路径依赖性和报酬递增性最终形成区位经济空间场。创新主体(主要是企业)为了寻求协同创新,降低交易成本,实现报酬递增效应,进而提高创新能力和竞争能力,共同向创新条件优越的区位集聚,是区位场形成的根本动力。区位场主要通过成本途径、市场途径、知识途径等形成。自然区位的不可转移性、区域文化和区域制度的黏滞性形成了区域之间的自然挡板、文化挡板和制度挡板,可以对区域技术创新产生约束作用。中国省际专利合作网络拓扑模型和《中国区域创新能力报告 2010》研究成果表明，中国知识获取能力较强的省份主要集中分布在长三角、珠三角和环渤海地区，上述区域省内自然区位和文化、制度条件趋同，区位自然挡板、文化挡板、制度挡板对区域技术创新的约束相对较小，省内联合申请的专利数量最多；各省为寻求互补性资源与外省联合申请的专利数量次之；各省与邻省联合申请的专利数量最少。

9　突破区位约束　提升区域技术创新能力的对策建议

通过对前面几章的讨论和分析,充分证明了区位对区域技术创新具有约束作用。区位对区域技术创新的约束是通过内源、通道、区位场分别对区域开发网络中的市场创新与商务关系创新、对研究网络中的技术知识创新、对生产网络中的产品创新产生约束的。区位内源、区位通道和区位场是制约一个区域技术创新的关键因素。通过优化区位,改进区位内源、区位通道、区位场,是突破区位约束,促进区域技术创新进而提升区域创新能力的根本措施。

9.1　区域技术创新的区位约束因素

区位对区域技术创新的约束主要是通过区位内源、区位通道、区位场对技术创新产生约束的。

9.1.1　区位内源的约束因素

区位内源对区域技术创新的约束要素主要表现在原材料指数、劳动指数、技术指数、科研条件、企业家制度、研发制度、创新融资制度、企业家文化基因、研发文化基因、风险投资文化基因等方面。

区位内源是区位依托的经济空间的要素禀赋、要素等级以及要素的集聚形态。本研究认为,企业家、研发人员、风险资本、科研条件构成区域技术创新的主要有形区位内源。区域企业家制度、研发制度、创新融资制度是区域创新文化基因的产物,其执行力受区域创新文化的制约。区域企业家制度、研发制度、创新融资制度与企业家文化基因、研发文化基因、风险投资文化基因一起构成区位内源的主要无形要素。区位要素是一个动态的概念,随着经济的发展,区位要素所包含的内容是不一样的。区位要素具有等级性,不同等级的区位要素对区位的提升和创造的作用是不一样的。区位内源要素也是有层次的。根据对区域技术创新影响的距离,从间接到直接依次为元区位、文化层、制度层、器物层。元区位是最低层次的区位内源要素,元区位是以土地为依托的自然区位,包括土地、地形条件、气候条件、资源条件等。元区位是其他区位要素的承载物,是最基础的区位。元区位和器物性区位要素包括以土地为依托的自然资源、人力资源、资本、技术等,对区位的形成起着直接的决定作用,构成区域技术创新的主要要素。区位文化包括在一定区位内生存的人们所具有的世界观、价值观、信仰、思维方式等,是区位形成的最深层的原因。区位制度包括企业家制度、研发制度、技术中介制度、创新融资制度等,是区域创新资源的中间层,起着联系元区位、器物性区位要素和区位文化的作用,和区位文化一起,构成区域创新主体进行技术创新所遵守的规则集。元区位、区位文化、区位制度、器物性区位要素共同构成主要的区位内源,决定着区位的形成。区位内源对区域技术创新的约束是区域技术创新所受到的区位约束的根本。在区位要素中,劳动要素中的企业家、区位文化、研发人员对区域技术创新的约束较大。

区域经济能否持续增长,企业家的作用至关重要。美国、日本等世界经济大国之所以能够取得如此大的经济成就,不但因为这些国家把经济增长和社会就业作为衡量政府执政能力的主要尺度而促使政府勤勉尽职,而且企业家的巨大贡献也是重要的原因。江苏缺少大量像微软、丰田、空中客车等这样的国际企业,江苏缺少大量像比尔·盖茨、巴菲特、松下幸之助等一大批世界级的商人,这是江苏经济保持强盛动力需要尽快解决的问题。江苏民营经济占全省经济总量的比重已达 51.3%,但江苏民营企业家队伍还需要进一步壮大,民营企业的现代企业制度还没有完全建立起来,民营经济产业集群规模集聚效应仍需进一步提升。粤商、浙商等商派已被高调推崇,粤商"北伐"、浙商联手闯天下早已名扬四海,那么,"新苏商"形象何以塑造? 在市场经济的竞争环境中,商派的形象可以聚集更多的无形资产和有形资源。2009 年 10 月 21 日,由中国民营企业联合会、中国统计协会、中国管理科学研究院企业发展研究中心联合组织的 2009 中国民营 500 强评比中,江苏沙钢集团有限公司、苏宁电器集团分别名列第一、三位,浙江、江苏两省入选企业数量分别为 161 家和 109 家,占所有入选企业的 54%,这充分显现了江苏民营经济的强大实力和后劲,江苏民营经济需要乘胜前进,力争在数量上、在国际竞争力上、在国民经济中的贡献率上超过浙江。

2011 年度美国《财富》杂志发布的"世界 500 强"企业最新排名,中国上榜公司数量达到 69 家,仅次于美国 133 家。但上榜的 61 家大陆公司中仍然只有两家民营企业,即广东华为公司和江苏沙钢集团,其余皆为国家垄断性的国有企业。国家垄断性的企业代表的是国家的实力,不能代表真正意义上的企业能力,而上榜的国外企业绝大多数都是私营企业,包括世界 500 强之首沃尔玛。在 2011 年度《福布斯》公布的全球亿万富豪排行榜上,共有 116 个中国人上榜,但在前 100 名中中国只有百度董事长兼首席执行官李彦宏一人以 94 亿美元的身家名列第 95 位,而排名第一的墨西哥电信大亨卡洛斯·斯利姆·赫鲁(Carlos Slim Helu)的个人财富高达 740 亿美元。从以上世界 500 强和福布斯公布的排行榜上可以看出,中国商人,包括江苏商人与世界顶级商人之间的差距巨大。

再从企业寿命来看。在欧洲或美国,你随便走进一家茶餐厅,它就可能是百年老店;在日本,哪怕小到一家荞面馆,都有可能是三世经营。但在我们身边你很难找到这样的百年老店,我们大店小铺总在走马灯一般换招牌、换老板,今天你还在某个街口小店吃了顿热汤面,等几天它可能就改换门庭了。小店如此,企业亦然。松下、GE、迪士尼、福特这些世界级的"百年老店",今天依然基业长青。2006 年 6 月 7 日,《胡润百富》发布了《胡润全球 100 家家族企业榜》,在此企业榜上,100 家全球长寿企业主要分布在欧洲、美国和日本。其中,英国 17 家、法国 16 家、美国 15 家、意大利 14 家、德国 14 家、日本 10 家、荷兰 3 家、西班牙 2 家,而中国企业均无缘上榜。第一名是日本大阪寺庙建筑企业金刚组,它成立于公元 578 年,传到第 40 代,历经 1433 年。第 100 名是美国的 St. John Milling,也有超过 230 年的历史。而同样是在 2006 年,中国商务部对中国企业寿命进行了调查,结果发现,大中型企业的平均寿命只有 6 到 7 年,民营企业平均寿命只有 2 到 3 年,而新生企业 80%平均在 3 年内归于沉寂,中国"老字号"企业有 70%已寿终正寝,即使是那些少到凤毛麟角的中华老字号,如果没有后来企业的商业装裱或包装的话,大多可能也就只剩下一个等待援救的文化符号而已,老字号也成了一副徒有虚名的皮囊。苏商、晋商、徽商等在历史上都曾富可敌国,也有几百年的历史,可惜都没有延续下来。改革开放后如雨后春笋般出现的三株、亚细亚、沈阳飞龙、常州铁本、巨人、秦池、爱多、太阳神、德隆、春都等一大批中国民营企业,都是在如日中天的时候纷纷倒闭,而近几年中国企业界不断发生的事件更加令人震惊,从无处不在的坑蒙拐骗到屡禁不止的假冒伪劣,从三鹿"三聚氰胺"事件,到双汇"瘦肉精"事件,从"地沟油"事件到"细菌门"事件,从"中国首富"黄光裕和一批企业家身陷囹圄,到近期一批浙江老板集体携款潜逃事件,每一件事都深深刺痛中国人的心。中国商业曾经的辉煌已经离我们远去,而从近代开始到现在中国商业都远不如西方商业发达,特别是中国商业所暴露出来的积弊不仅多得令人触目惊心,而且顽固至极,似乎总也看不出什么时候才能有大的改观。

对此,我们不禁要问:为什么悠悠几千年的中国传统商业文化总也孕育不出世界级的长寿企业和世界级的商人?中国传统商业文化的生命力何在?为何中国传统商业文化总也约束不了中国商人?西方商业文化又是怎么做到这些方面的呢?

世界上任何事物或现象都是作为原因的结果而存在的,所以,人类认识世界的实质就是要搞清楚现象背后的原因。中国拥有5 000年的漫长文明史,但与区区只有几百年历史的西方列强相比,中国商业却完全处于下风的地位,这无论如何不能用偶然性来解释。既然这其中存在必然性,那么这种必然因素究竟是什么? 我们只能用商业文化基因来解释,因为商业文化基因是商业发展状况的决定性因素。

不可否认,中国也曾有过辉煌的商业鼎盛时期。在17、18世纪以英、美、法为代表的西方资本主义制度确立前,中国曾经涌现了一大批优秀的商人,如范蠡、张之洞、范旭东、卢作孚、张骞等,中国传统商业文化在世界商业历史上长期拥有深远而广泛的影响,是世界商业文化文明诞生和发展的摇篮。中国商业可以溯源到夏王朝前的先公时期,战国前就有工商管理政策的史书记载;战国时期便有了齐鲁临淄"挥汗成雨、举袂成幕"的城市商业繁荣景象;汉唐时期建立了连通亚欧的古丝绸商路和以中国为中心的古代朝贡贸易体系;15世纪初,明初开始了中国与亚非的政治、商贸与文化交流,而此时郑和船队所到之处,大多国家依然处于原始部落或奴隶社会时期,有的甚至还处在尚未开化的原始生存状态;18世纪中叶,中国和印度的制造业占世界总量的60%;即使到18世纪末,中国对外贸易仍长期处于巨额顺差,经济总量位列世界第一。这说明,在西方资本主义国家发动工业革命之前,中国传统商业文化是代表世界先进的商业文化。但自近代开始,中国商业与西方商业相比就不可同日而语了,这说明,中国传统商业文化既有优质的商业基因,同时也一定掺杂着一些劣质性的成分,尽管这种劣质性不占据中国传统商业文化的主流地位,但在特定的历史条件下,这种劣质性的传播和放大却起到了深远的恶劣影响,它直接导致了中国商业处于长期落后地位的结果。那么,这种劣质性是什么呢?

商业文化的根基是社会文化,社会文化不同,反映和传播社会文化的商业文化自然也不同。中国历朝历代都是以小农经济为主的农耕文明的典型代表,地大物博和人丰物阜使得小农经济满足于自给自足,而日常的交换仅限于生活的补充,历代王朝"经世济民"的施政方略都是通过强调农业而抑制商业来实现,轻商、贬商思想长期存在,把商人的谋利视为低级的、卑劣的行为,商人不仅被列入"贱民"之类,而且还以"无商不奸"来形容商人的品行。以儒家思想为源头的中国文化,反复告诫人们:"君子喻于义,小人喻于利""君子忧道不忧贫""不义而富贵,于我如浮云"等,并且提出了"万般皆下品,唯有读书高""学而优则仕"的用人原则。在这样的社会文化下,人们是不能谈钱、不能谈利的,谈钱就为人所不齿,这样的文化基因,直接导致了中国历史上长期的"官本位"风气的形成,社会精英大多数都奋不顾身地奔着仕途之路而去,只有一少部分人夹着尾巴从商,被人们贬低为"捣江湖"或"不务正业"的人。可想而知,在这样的一种压抑、谦卑的商业文化和商业环境下,中国商人怎可跟西方商人相比? 在美国有一个公认的说法:一流人才从商,二流人才搞科研,三流人才从政。曾有人戏谑说,一个美国家长这样教训他的儿子,"再不好好学习,将来让你去当总统去。"由此可见,与中国内敛、保守,以农耕为主、商业为辅的中国传统商业文化相比,在古希腊文明基础上发展起来的西方商业文化多么的崇尚商业。如果说"重农抑商""轻商""贬商"等商业文化基因是适应了古代自然经济的话,那么,在市场经济下,这就是一种劣质的商业文化基因,因为现代经济是以工业经济为主、农业经济为辅的经济,工业经济的发展离不开商业经济的支撑。

9.1.2 区位通道的约束因素

区位通道对区域技术创新的约束要素主要表现在交通通道、邮政通道、通信通道、IT 网络通道、电视传输通道等方面。

区位通道是联系区域创新主体的纽带,是创新资源在区域内外创新主体之间进行交流的桥梁。随着通道技术的发展,区位通道日渐高级化、多样化,区位通道早已超出了交通运输的范围。随着知识经济的发展,信息、知识等无形要素在区域技术创新中所起的作用越来越大，IT 网络通道、通信通道、邮政、交通等不同区位通道在约束区域技术创新过程中所起的作用具有差异性。不同区位通道对区位内源产生约束的形式也不同。区位通道是通过约束区位内源要素的流动对区域技术创新产生影响的。原材料、设备、新产品等有形创新资源的运输和流通，主要是通过铁路、公路、水运、航空等现代交通运输工具进行的。交通通道对区域技术创新的约束主要体现在对创新要素运输效率的影响。区域创新主体在研究网络中进行技术知识创新，需要知识转移，区域创新主体在开发网络中进行市场创新、商务关系创新，需要一定的信息传输通道，技术知识和信息的传输主要依赖各种信息通道。区位的交通运输通道、邮政通道、通信传输通道、IT 网络传输通道、电视传输通道等不但直接影响到创新主体之间各种创新资源的流通，而且对区域创新主体之间的创新交流也有重大影响。同时，区域内外创新资源的流通和技术外部性也离不开区位通道。区位的物质通道和信息通道直接决定区位质量的高低，所以说，区位通道对区域技术创新的约束较大。在区位通道系统中，各种具体区位通道通过影响研发投资，并同时受到授权专利的影响参与区域技术创新。但区位通道对区域内外研发投资的影响不是直接的，而是通过对技术人员的影响间接影响区域内外研发投资的。提升区域创新能力，就区位通道而言，既应从物质通道中的交通运输通道、邮政通道等着手采取措施，也应从信息传输通道中的通信通道、IT 网络通道、电视通道等方面采取措施，更应通过对这些通道的改善，形成有利于区域技术人员进行技术创新的条件，不断提升区域技术人员进行技术创新的能力。

9.1.3　区位场约束因素

区位场对区域技术创新的约束要素主要表现在区位对企业家的吸引作用、对研发人员的吸引作用、对风险投资的吸引作用以及技术扩散能力、技术吸收能力、区际结网能力等方面。

区位形成过程中的路径依赖性和报酬递增性，最终形成区位经济空间场。作为经济空间场,有不同内源和通道的区位,具有不同的外部性。不同场力的区位,技术辐射和技术吸收能力不同,对企业家、研发人员、风险投资的吸引作用也不同,区际结网能力也不同。区位内源通过通道在区域创新主体之间循环流转,不同层次的区位经过历史积累,具有路径依赖性和报酬递增性,最终形成区位场,像磁场一样既可从其他区域吸引创新资源,又可对其他区域产生创新辐射作用。区位场形成的动力即空间外部性形成的动力。本研究认为,创新主体(主要是企业)为了寻求协同创新,降低交易成本,实现报酬递增效应,进而提高创新能力和竞争能力,共同向创新条件优越的区域集聚,是区位场形成的根本动力。区位场主要通过成本途径、市场途径、知识途径等形成。一个区域区位场的形成,是区位正外部性与负外部性综合作用下的结果。正外部性与负外部性是区位场外部性的重要表现。自然区位的不可转移性,区域文化和区域制度的黏滞性形成了区域之间的自然挡板、文化挡板和制度挡板,可以对区域技术创新产生约束作用。区位场对区域技术创新的约束作用主要体现为区位挡板对区域技术创新的约束作用。

9.2　提升区域技术创新能力的对策建议

9.2.1　健全创新制度,培育创新文化

　　区域技术创新制度是政府、企业等创新主体为促进技术创新而制定的约束性规则。由于资源禀赋和区域创新主体禀赋的差异,不同区域的技术创新具有不同的特点。只有从本区域的创新实际出发,引导区域技术创新朝着科学的方向发展,进而提高区域技术创新的效率,才能使本区域创新主体的个人收益率高于社会收益率。

　　制度作为正式约束,能够补充和强化非正式约束的有效性,降低信息、监督以及实施的成本。制度是博弈规则,组织是博弈的参与者,制度和组织的交互作用形成了制度变迁。形成文化重要内容

的信念系统是制度形成的基础,通过信念→制度→组织→政策→结果的演化方式,企业、大学和科研院所、政府等创新主体通过构建各种技术创新制度,规范和激励区域创新主体组织或个人的技术创新行为,形成一个区域技术创新的规则体系。政策导向会使区域技术、劳动、资本等创新要素在各种技术创新规则的指导下进行配置,并决定着各区域创新主体的创新投入产出。

在区域技术创新的区位约束模型中可以发现,区域创新制度中的企业家制度对区域技术创新的影响系数为 2.589,研发制度对区域技术创新的影响系数为 2.602,创新融资制度对区域技术创新的影响系数为 2.190。按照从大到小排列,影响区域技术创新的制度显变量依次为研发制度、企业家制度、创新融资制度。可见,研发制度对一个区域技术创新的重要性,要提升一个区域的技术创新能力首先应完善本区域的研发制度,从研发制度建设抓起。

一个区域企业家的数量和质量除受当地文化影响外,还受到当地各种创新制度的制约。制度变迁的主角是那些能对根植于制度框架内的激励作出反应的企业家。一个区域企业家、技术专家的涌现受区域企业家制度、研发制度和创新融资制度的影响很大。区域政府是区域层次制度创新的主体,企业家是企业层次制度创新的主体,两者制度创新的程度对区域创新模式具有重大影响。如果区域制度创新中强调企业家对技术创新的作用,将形成关系导向的区域创新制度;如果区域制度创新中强调研发人员对技术创新的作用,将形成技术导向的技术创新制度。企业家制度完善的区域,经常形成企业导向的技术创新,区域自主创新联盟以企业为龙头形成。研发制度完善的区域,经常形成技术导向的技术创新,区域自主创新联盟以技术知识发源地的大学或科研院所为龙头。对于区域战略性新兴产业,则经常由政府牵头建立区域自主创新联盟。

一个区域的创新融资制度,对本区域的技术创新影响也比较大。所以,当地政府应制定鼓励、激励技术创新的财税、金融政策。比如,政府要加大对技术创新的财政投入,建立稳定的研发投入增长机制,集中用于关键性和前沿性技术的研究开发。实施金融扶持政策,建立多元化的投融资机制,吸引风险投资机构的积极参与。金融机构要建立授权授信制度,增加信贷品种,扩大科技信贷投入,要完善中小型科技企业的贷款担保体系等。

9.2.2 优化创新环境,吸引创新人才

一个区域技术创新活动的强弱是由区位因素造成的,技术创新人才在这些区位因素中起着关键性的作用。一个区域的技术创新环境,能否吸引或留住技术创新人才,直接影响着该区域创新能力的提升。一个区域的技术创新环境主要包括自然条件、科研条件、激励机制、体制政策等一些自然、人文、社会环境。

一个区位的大的自然环境是不易改变的,不过可以为技术创新人员提供适宜的科研环境和安居乐业的生活环境。一个区位的科研条件和科研机构的形成与设置,也许是多种因素与历史原因造成的,不过完全可以通过今天的努力来弥补,为技术创新人员创造良好的科研条件。

对一个区域而言,制定出高效率的、低成本的技术创新制度,可以吸引企业家、研发人员、风险投资等创新资源。相反,一个区域低效率、高成本的技术创新制度则会对企业家、研发人员、风险投资等创新资源形成一种驱逐,对其他区域的企业家、研发人员、风险投资等创新资源会形成制度挡板,阻碍其进入,制约本地技术创新的发展。

建立完善技术人才创新的激励机制,提高科技人员的创造性和积极性,要通过对人才资本的合理高回报等方式建立起良好的机制,以便能吸引住人才,特别是留住高层次人才;开展高新技术企业产权激励试点工作,利用期权、股权等多种形式的合法报酬,体现科技人员和经营管理人员的创新价值。

总之,一个区域能否吸引和留住技术创新人才是该区域有效技术创新能力的根本保证。

9.2.3 整合创新资源,提高创新竞争力

整合创新资源,实现创新资源的优化配置,充分发挥现有资源的优势和潜能,促进区域内各类创新资源有效利用,进而提高本区域技术创新能力,是加快结构调整和经济增长方式转变,实现跨越式发展的重要支撑。

一个区域的技术创新资源,从区位内源看主要是科研人员、科研机构、科研条件、研发制度、具有创新精神的企业家、创新融资制度等方面。从区位通道看主要表现在交通通道、邮政通道、通信通道、IT网络通道、电视传输通道等对区域技术创新具有约束的要素资源。从区位场看主要表现在区位对企业家的吸引作用、对研发人员的吸引作用、对风险投资的吸引作用以及技术扩散能力、技术吸收能力、区际结网能力等方面。

如何把这些创新资源进行整合,提高资源的配置效率,使资源的优势得到充分开发利用,能够提升区域的创新能力,也能够很好地带动区域经济的发展。对内积极挖掘现有创新资源,将有限的技术创新资源进行有效整合,促进技术的不断创新、快速传播和有效应用,提升区域技术创新能力,充分发挥区位内创新资源的作用,使区域技术创新在区位通道中更加顺畅,提高现有资源的使用效率。对外进行合作,扩大创新资源的途径。区域技术创新应避免重复、封闭的做法,重视与具有较强内在联系的区域之间的技术交流与合作,引导和组织实施跨地区的重大技术开发,通过建设跨区域的创新协作网络,实现优势互补。冲破区位场不同挡板对区域技术创新的约束,有效提升区域技术创新的竞争力。

在实际的工作中,提升区域技术竞争力的措施非常多,有的也收到了很好的效果。比如,一些地方政府利用本区域的高校、科研院所、大企业的研发中心等技术创新资源,进行政产学研联合,实行的通过政产学研联盟的方式来集聚创新资源也是加快区域技术创新的重要途径。政产学研联盟通过开展战略性、长期性和广泛性的

合作研发及科技成果转化,创造市场需求和价值,从而提高技术创新对经济增长的贡献率,加快本区域经济从投资依赖向创新驱动的转型,实现经济结构调整和经济增长方式的转变,提升本区域的竞争力。

[本章小结]

本章对约束区域技术创新的区位因素做了进一步总结分析,并对提升区域技术创新的能力提出了对策建议。由于不同的区位,其技术创新的约束因素也是不相同的,不同地区应结合本区域的实际情况,具体分析本区域的技术创新约束因素,制定适合本地区技术创新发展的制度与政策,培育有利于技术创新的创新文化,优化区域创新环境,吸引创新人才,并充分整合本区域的技术创新资源,是提升本区域技术创新能力和竞争力的关键所在。

10 结论与展望

10.1 研究结论

通过前面各章节的分析与论证,本研究认为,区位对区域技术创新具有约束作用。区位是一个以土地为载体的经济空间场,由区位内源、区位通道、区位场构成。区域技术创新过程可以分为开发网络、研究网络、生产网络三个子过程。区位对区域技术创新的约束主要表现为区位内源、区位通道、区位场对区域技术创新的约束。本研究得出如下结论:

(1)区位对区域技术创新的约束是通过对开发网络中的商务关系创新与市场创新、对研究网络中的技术知识创新、对生产网络中的产品创新产生约束的。区位对区域开发网络中商务关系创新和市场创新的约束主要表现为对交易成本的影响;区位对区域研究网络中技术知识创新的约束和对生产网络中产品创新的约束主要表现为对生产成本的影响。

(2)区位内源包括元区位、原材料指数、劳动指数、技术指数、企业家制度、研发制度、风险投资制度和相应的文化基因。元区位是区域技术创新赖以存在的初始条件,它对区域技术创新的约束主要体现为初始条件约束。企业家制度、研发制度、风险投资制度及相应的文化基因对区域技术创新的约束主要体现为规则约束。原材料指数、劳动指数、技术指数作为区位要素,对区域技术创新的约束主要体现为成本约束。

（3）区位通道系统中，各种具体区位通道通过影响研发投资，并同时受到授权专利的影响参与区域技术创新。但区位通道对区域内外研发投资的影响不是直接的，而是通过对技术人员的影响间接影响区域内外研发投资的。

（4）区位场主要通过成本途径、市场途径、知识途径等形成。自然区位的不可转移性、区域文化和区域制度的黏滞性形成了区域之间的自然挡板、文化挡板和制度挡板，可以对区域技术创新产生约束作用。

10.2　研究展望

区位作为影响区域技术创新的一个重要因素，是一个牵扯到多种因素的非常复杂的问题。本研究力图以客观数据为基础，对区域技术创新的区位约束进行研究。在即将完成本研究的时候，发现涉及的问题还很多，主要表现为：

（1）区域技术创新是一个由混沌到有序再到混沌的过程。本研究虽然应用复杂性理论将区域技术创新过程划分为开发网络、研究网络、生产网络三个子过程来分析区位对区域技术创新的约束作用，但对技术创新两阶段秩序演变规律的揭示还不够明晰。

（2）虽然在研究过程中进行了大量的问卷调查，但由于样本数量有限，对区域技术创新的区位约束进行研究的深度还不够。

（3）区位要素具有多样化、动态化的特点。随着区域生产方式和技术创新的变化，区位内源和区位通道不断出现新的形势和特点。本研究虽然力图以前瞻的视角研究区位内源和区位通道，但可能由于学科专业的局限，对区位内源和区位通道中新兴内容的反映还不够充分。

上述研究中的不足之处主要是由于时间、资料及自身科研能力不足所致，有待在以后的研究中进一步加强。

附　录

附录 1　区位结构问卷调查表

指　标		被调查者意见(在对应的意见项打✓)				
		非常不同意 (1分)	不同意 (2分)	普通 (3分)	同意 (4分)	非常同意 (5分)
区位因素	1. 区域原材料指数影响区域创新区位的质量					
	2. 区域劳动指数影响区域创新区位的质量					
	3. 区域技术指数响影响区域创新区位的质量					
	4. 区域科研条件影响创新区位的质量					
	5. 区域企业家制度影响创新区位的质量					
	6. 区域 R&D 制度影响创新区位的质量					
	7. 区域创新融资制度影响创新区位的质量					
	8. 区域企业家文化基因影响创新区位的质量					
	9. 区域 R&D 文化基因影响创新区位的质量					
	10. 区域风险投资文化基因影响创新区位的质量					
	11. 区域交通运输通道影响创新区位的质量					
	12. 区域邮政通道影响创新区位的质量					

指　标		被调查者意见（在对应的意见项打✓）				
		非常不同意 （1分）	不同意 （2分）	普通 （3分）	同意 （4分）	非常同意 （5分）
区位因素	13. 区域通信传输通道影响创新区位的质量					
	14. 区域IT网络传输通道影响创新区位的质量					
	15. 区域电视传输通道影响创新区位的质量					
	16. 优越的创新区位对区域外部的企业家具有吸引作用					
	17. 优越的创新区位对区域外部的R&D人员具有吸引作用					
	18. 创新条件优越的区位对其他区域的风险资金具有吸引作用					
	19. 创新能力强的区位可以对其他区域产生技术扩散					
	20. 创新能力弱的区位可以吸收创新能力强的区域的技术辐射					
	21. 开放区位往往具有较强的区际创新结网能力					

附录2　区域技术创新的区位约束问卷调查表

指　标		被调查者意见（在对应的意见项打✓）				
		非常不同意 （1分）	不同意 （2分）	普通 （3分）	同意 （4分）	非常同意 （5分）
区位因素	1. 一个地区的原材料指数对当地技术创新具有约束作用					
	2. 一个地区劳动指数对当地技术创新具有约束作用					
	3. 一个地区的技术指数对当地技术创新具有约束作用					
	4. 一个地区的科研条件对当地技术创新具有约束作用					

指　标	被调查者意见(在对应的意见项打√)				
	非常不同意 （1分）	不同意 （2分）	普通 （3分）	同意 （4分）	非常同意 （5分）
5. 一个地区的企业家制度对当地技术创新具有约束作用					
6. 一个地区的研发制度对当地技术创新具有约束作用					
7. 一个地区的创新融资制度对当地技术创新具有约束作用					
8. 一个地区的企业家文化基因对当地技术创新具有约束作用					
9. 一个地区的研发文化基因对当地技术创新具有约束作用					
10. 一个地区的风险投资文化基因对当地技术创新具有约束作用					
11. 一个地区的交通通道对当地技术创新具有约束作用					
12. 一个地区的邮政通道对当地技术创新具有约束作用					
13. 一个地区的通信通道对当地技术创新具有约束作用					
14. 一个地区的 IT 网络通道对当地技术创新具有约束作用					
15. 一个地区的电视传输通道对当地技术创新具有约束作用					
16. 区位对企业家的吸引作用对当地技术创新具有约束作用					
17. 区位对研发人员的吸引作用对当地技术创新具有约束作用					
18. 区位对风险投资的吸引作用对当地技术创新具有约束作用					
19. 区位的技术扩散能力对当地技术创新具有约束作用					
20. 区位的技术吸收能力对当地技术创新具有约束作用					
21. 区位的区际结网能力对当地技术创新具有约束作用					

（左侧纵排：区位因素）

指　标		被调查者意见(在对应的意见项打√)				
		非常不同意 (1分)	不同意 (2分)	普通 (3分)	同意 (4分)	非常同意 (5分)
区位因素	22. 一个地区的市场创新受到 当地区位约束					
	23. 一个地区的产品创新受到 当地区位约束					
	24. 一个地区的商务关系创新 受到当地区位约束					
	25. 一个地区的技术知识创新 受到当地区位约束					

参考文献

[1] Benner, M. A. & Tushman, M. L. Exploitation, and Press Management: The Productivity Dilenna Revisited[J]. Academy of Management Review, 2003,28(2):238 - 256.

[2] Zhou, K. Z., Yim, C. K. & Tse, D. K. The Effects of Strategic Orientations on Technology and Market-Based Breakthrough Innovations[J]. Journal of Markering, 2005,69(2):42 - 60.

[3] Richard Leifer, Christopher M. Mc Dermott, Gina Colerelli O's Connor, Lois S. Peters, Mark P. Rice, Rlbert W. Veryzer. Radical Innovation: How Mature Companies Can Outsmart Upstarts[M]. Boston: Harvard Bussiness School Press,2000.

[4] Chowdhury S. The role of affect and cognition-based trust in complex knowledge sharing[J]. Journal of Managerial Issues, 2005(17):310 - 326.

[5] McEvily B, Perrone V. A trust as an organizing principle[J]. Organizati on Science, 2003(14):91 - 103.

[6] Oswald Jones, Allan Macpherson. Inter-organizational learning and strategic renewal in SMEs[J]. Long Range Planning,2006(39):155 - 175.

[7] Adler P S, Kwon Seok-Woo. Social capital: prospects for a new concept[C]. Academy of Management Review, 2002: 17 - 40.

[8] James G. March. Notes on ambiguity and executive compensation[J]. Scandinavian Journal of Management Studies, 1984(1): 53 – 64.

[9] Hamilton F E I. The Changing Milieu of Spatial Industrial Research. in Hamilton F E I. Contemporary Industrial Spatial Analysis and Regional Development[M]. London: Longman, 1978.

[10] Wood P A. Behavioral Approaches to Industrial Location Studies[M].in Lever F W. Industrial Changes in the United Kingdom M. Groom Heim,1987.

[11] W. Breckinridge Carden, Martha E. Bickford.The location of muscarinic type 2 receptors within the synaptic circuitry of the cat lateral posterior nucleus[J]. Neuroscience Letters, 1999(3):153 – 156.

[12] Blankson C. and Cheng J M. S. Have Small Businesses Adopted the Market Orientation Concept? The Case of Small Businessesin Michigan[J].Journal of Business & Industrial Marketing, 2005,(20)6.

[13] Hou J.J.Towarda Research Model of Market Orientation and Dynamic Capabilities[J]. Social Behavior and Personality An International Journal, 2008,(36)9.

[14] Willow A. Shermata. Competing Though Innovation Network Markets: Strategies for Challenges[J]. Academy of Management Review, 2004,29(3):359 – 377.

[15] Evan M, Dudick. Strategic Renaissance: New thinking and innovative tools to create great corporate strategies [M]. China Machine Press, 2003.

[16] Baker W E. and Sinkula J M.Market Orientation and the New Product Paradox[J]. Journal of Product Innovation Manage-

ment，2005(22)：6.

[17] E. Banguera-Hinestroza，A. Bjørge，R. J. Reid，P. Jepson ，A. R. Hoelzel. The influence of glacial epochs and habitat dependence on the diversity and phylogeography of a coastal dolphin species：Lagenorhynchus albirostris [J]. Conservation Genetics，2010，11(5)：1823－1836.

[18] Lavie D，Rosenkopf L. Balancing exploration and exploitation in alliance formation[J]. Academy of Management Journa，2006，49(1)：797－818.

[19] [美] 沃尔特·艾萨德.区位与空间经济:关于产业区位和城市结构的一般理论[M].杨开忠,等,译.北京:北京大学出版社,2011:1.

[20] 阿尔弗雷德·韦伯.工业区位论[M].李刚建,等,译.北京:商务印书馆,1997.

[21] 瓦尔特·艾萨尔德.区域科学导论[M].北京:高等教育出版社,1991.

[22] 埃德加·M.胡佛.区域经济学导论[M].北京:商务印书馆,1990.

[23] 约翰·冯·杜能.孤立国同农业和国民经济的关系[M].北京:商务印书馆,1997.

[24] 俄林.地区贸易和国际贸易[M].北京:商务印书馆,1986:19－25.

[25] [冰] 斯拉恩·埃格特森. 新制度经济学[M].吴经邦,译.北京:商务印书馆,1988.

[26] [美] 道格拉斯·诺斯. 经济史中的结构与变迁[M]. 陈郁,等,译.上海:上海人民出版社, 1994.

[27] [美] 约瑟夫·熊彼特. 经济发展理论[M]. 北京:商务印书馆,1990:25－26.

[28] [美] Melissa A. Schilling. 技术创新的战略管理[M]. 谢伟,

王毅,译.北京:清华大学出版社,2005.

[29] 阿尔弗雷德·韦伯.工业区位论[M].李刚剑,陈志人,张英保,译.北京:商务印书馆,2010.

[30] 林毅夫.制度、技术与中国农业发展[M].上海:上海三联书店出版社,1992.

[31] 张曙光.论制度均衡和制度变革[J].经济研究,1992(6).